好好說話

粉絲破千萬！
最強說話團隊教你
新鮮有趣的話術精進技巧

馬東出品
馬薇薇、黃執中、周玄毅等 著

推薦序

好好說話這事兒有多重要

樊登

關於說話這件事，古人有一個說法值得大家借鑒。說一句話之前要問自己三個問題：第一，我說這句話是真的假的，有沒有事實依據？如果是真的，接著問第二個問題：我說這句話會起到什麼效果、有沒有用？如果你相信會有正面的效果，再問第三個問題：我說這句話是不是出自善意，還是只是為了顯示我自己獨特的見解？三個問題都問完，覺得自己要說的話既是真的，又是善意，還會有用，這時候再說出來。有一天我想試試這招的效果，真的很不錯，那一天都沒有說過一句話！現在靠說話為生，真不知造了多少孽。還好，看到馬老師和漸彪、執中他們比我說話還多，比我更要大膽一些，我就放心多了。

年輕時參加辯論賽，決賽的對手就是胡漸彪領銜的馬來亞大學。那時候為了贏，為了取悅評委和觀眾，不知道說了多少不過腦子的話，無數把「刀子」直插對手。現在想想，真真叫做不會說話。所以看到這群昔日的辯友寫了本教大家好好說話的書，我是滿擔心的，恐怕他們不能教會大家好好說話，教大家狠狠吵架還差不多。不過，看到書稿後，一塊石頭才算落了地，原來這幾位也漸漸（快）過了不惑之年，言語竟也柔順了很多。他們有一件厲害的武器，就是專注。不做別的事，幾個人一起住在朝陽公園的一間公寓裡（他們是有多麼愛著對方啊），每天就研究怎麼說話。說實話，比我做樊登讀書會累得多，我只是知識的搬運工，他們卻是知識的伐木工。甚至黃執中的專業都是大陸少有的「口語傳播」，把說話上升到理論層面的高度！所以這本書裡還真是有很多屬於他們的新發明和新發現。而且因為馬東老師寫實落地的風格，他們想解決的問題都還挺「俗」的：怎麼談判、怎麼搭訕、怎麼把壞人噎回去、怎麼誇人……哪一個不是你經常捶胸頓足、覺得自己拙嘴笨腮的場景？這種場景化的寫作，既可以當工具書看，也可以當章回小說消遣。以他們奇葩般的表達能力，保證你拿起來就不想放下。

一個人為什麼不能好好說話？大半是因為他的大腦處在「自動駕駛」的模式中，用自己最熟悉、最不用動腦子的方式回應著眼前的人和事。這就是為什麼我們對最親近的家人常常最不客氣的原因，其實這是最不明智的做法。當你用冷漠的語言傷害了周圍的人，他們的負面情緒會在這個空間裡遊蕩，最終回報在你身上，這就是所謂的報應。但想想一個人癱在沙發上下意識地按著遙控器那種很爽、很自在的感覺，你就很難幹掉自動駕駛的選擇了。面對著明明知道天天在玩傷害與被傷害的遊戲，卻無法自拔的你，我只能說一句「活該」！改變需要動力，也需要智慧，不學習、不改變的人注定要不斷傷害與被傷害。

所以我挺佩服「好好說話」團隊，他們已經可以很自動地說出很美好的話了，但還要不停地反思總結，把成功的經驗變成可複製的套路。這真是需要足夠的慈悲態度才能做的一件事啊，就像我看到別人不讀書就會替他憂心一樣，馬東老師和漸彪他們看到不會說話的人就想賺他們的錢，是一樣慈悲的。

那天有人給我演示了一下人工智慧是怎麼學我說話的，嚇我一跳！和我的聲音一模一樣，語氣都惟妙惟肖。今後會有更多人工合成智慧出現，它會學我們做事、學我們說話。如果你說話總是自動駕駛、人云亦云，恐怕將來和機器都沒什麼分別了。幸好，機器是學人的！因此，有這麼一個不斷在研發說話方法的團隊，是多麼幸運的一件事，推動我們要不斷進化說話能力，讓機器無法猜測其後的情感、意圖和語境！

沒錯，好好說話就是這麼重要，它關乎你的幸福，乃至你在這個世界的地位——再不好好說話，連機器都小看你！

（本文作者為「樊登讀書會」APP創始人，北京交通大學語言與傳播學院、應用傳播學研究中心主任）

推薦序
說話是個「技術活」

李笑來

「好好說話」真的不容易。

說來好笑，即便是我已經在臺上講演揮灑自如許多年後，我依然是個經常不會說話、一不小心就說錯話的人。

在新東方學校（注：以英語培訓為核心，中國規模最大的教育培訓機構）工作的第五年的某一天，當時的北京新東方校長約見我，說是有事兒要聊聊。我就去了，同去的還有當時北京新東方國外部的主任。聊什麼事兒呢？校長聽別人說笑來對語料庫這事兒很有研究，於是就找我來聊聊，看看我能不能為學校建一個語料庫。一路聊得挺高興，最後校長問了這麼一句：

「那你看，笑來，你需要什麼樣的支援？」

我認真想了一下，說：「其實這事兒花不了多少錢，主要是耗時費力，所以我希望這不是個換了個校長就不見了的事兒……」

天知道當時我腦子是怎麼轉的，可那眼前發生的一切到今天都栩栩如生——

校長的臉色當場就變了，愣了一下，什麼都沒說；而與我同去的國外部主任都快急死了，只好在邊上給我打圓場：「笑來的意思是說，這事兒是個慢活，得持續做……」

他差一點就把「其實笑來沒有別的意思」都說出來，然後也是臉上紅一陣紫一陣的……

事實上，在剛剛我說完的那一瞬間，也知道發生了什麼，也知道自己「這都在說什麼呢」，可說出去的話，就是潑出去的水，是沒有辦法收回來的——只好硬著頭皮扛下去。結果當然是所謂的「不歡而散」，為學校建語料庫的事兒也就不了了之了。

後來這事兒成了新東方內部廣為流傳的段子，人人都知道笑來說話不得體，最後甚至出現了這樣的效果：若是哪句話特別不得體，一定會有人問：「這話不會是笑來說的吧？」

其實吧，我也不是以不得體為榮的，這事兒真的很難不以為恥、反以為榮——誰願意是個經常在關鍵時刻並不招人喜歡的人呢？可「會說話」這事兒真的好像是個完全沒地兒去學的東西呢！我很懷疑對某一些人來說，比如我，更是無所適從、無所可依。

在新東方，有一位叫張旎的同事，是我這輩子見過最會說話的人。有些話其實是很難當面說的，但即便是這樣的話，就看張旎邊說邊哈哈哈，大家也跟著哈哈哈，一路哈哈哈，她就說完了，然後大家一點點的尷尬都沒有——簡直就是奇蹟。

有一次我們聚餐，張旎開車，我和另外一位同事坐在後座，提起一個笑來最近說話不得體的典型案例，大家又是哈哈哈地把這個事兒當做段子，既然大家開心，我也就跟著樂。然後，我就問張旎：「其實我真的很羨慕妳，我很想知道妳是怎麼做到的？」

張旎的回答非常認真：「我媽媽是個很厲害的推銷員，她是我見過的最會說話的人。我記得小時候，剛上學那陣子，我媽媽天天糾正我說話，基本的句型就是『妳要表達的是這個這個嗎？那妳應該這樣這樣說』，後來，後來就這樣嘍！」

哦！這不是天生的，這是練出來的。

這個念頭給我帶來的驚喜很快就被接下來想到的事實撲滅了——

事實上，這個方法我天天在課堂上講給學生聽。因為我教得最好的是寫作課，在寫作課上，我總是告訴學生，所謂的「煉句」，其實很簡單，無非就是想盡一切辦法把同樣的意思用許多種方式表達出來，最後選擇最為精練、最為恰當、最符合上下文語境的那一個。我快被自己蠢哭了！

人就是這樣，很多道理，貌似自己懂，可實際上就是做不到舉一反三，哪怕在一個領域裡用得很熟練，換了個其他領域就跟白痴一樣，就好像從來都不知道、從來都沒聽說過那個道理一樣——你看，這麼多年裡，我可以在寫作裡天天使用，可竟然在與人溝通的過程中卻從來沒有用過！

又過了很久——至少是半年多以後——我才突然反應過來，過去的我，從骨子裡過分低估了與身邊的人溝通的複雜程度及其重要程度，於是從未向練習寫作那樣刻意過，於是呢？於是跟白痴一樣唄。

就像這本書裡一再強調的，說話其實是一個綜合格鬥，需要掌握「全息」（部分中含括整體訊息）的話術。做為一個曾經在一些領域常常說話不及格的我，深知不會說話的惡果——真的很可能會因此錯失一個升職機會，或者因此錯過一個投資機會……其實最要命的是，不會說話的人常常並不知道自己說話的方式有問題，甚至會理直氣壯，比如我，很久之前曾經「不以為恥，反以為榮」地這樣為自己開脫：「我這個人說話不會拐彎抹角，只會直來直去。」

許多年後，等我掙扎著改了過來、進步了許多之後，發現當年的托詞有多麼可笑。這有點像那些相貌醜陋的女生對自己收不到情書的解釋，並不是「我醜所以沒人給我寫情書」，而是「我才沒有她們那麼不正經呢」！

馬老師的這本《好好說話》以他一貫新鮮、有趣的方式傳授了說話的核心技巧，一口氣讀完，感覺很過癮。我覺得說話技能的修練，學無止境。我自己也知道自己什麼德行，知道自己不是進步太大了，而是歲數大了，環境變了，沒那麼多機會讓自己出醜而已，在會說話，尤其是得體地與人溝通這事兒上，必須要活到老學到老，並且還要練到老。

總體上，我是個相信「道」比「術」重要一萬倍的人，可在好好說話這事兒上，我卻認為「道」這個東西常常用處不大，或者說，常常真的不夠用。「為人要真誠」，就是「道」；「坦率及效率」，也是「道」，但由於這世界就是極其複雜的，而語言本身就是模糊含混、湊合著用的工具（雖然也是極其複雜精巧的工具），乃至坑太多、溝太深、塹太寬，乃至不掌握各式各樣的「術」、不頻繁操練，就可能一不小心追悔莫及。

總而言之呢，從《好好說話》這本書，我確實學了很多很多，也實踐了很多很多，希望你也能學到。

祝大家好運！

（本文作者為著名天使投資人、連續跨界創業者，及「得到」APP專欄《通往財富自由之路》作者）

序言一

好好說話，其實是好好思考

馬東

古代的時候出一本書，大約是沒有寫序這個程序的。「洛陽紙貴」，寫內容都不敢囉唆，要言簡意賅，言不盡意，哪有地方去寫序。後來從容了，書畫碑帖都有了題跋，敢下筆的往往是一時人望的專家權威，在前面寫一篇序，有點「光大門楣」的意思。好比一座房子，進深寬窄不知道，門口張燈結綵，至少引得你翹首張望。這本書封面上寫著「馬東出品」，其實我很尷尬，因為這本書一不是我寫的，二不是我出的，寫一句「馬東出主意」倒是十分貼切。

《好好說話》源自一種觀察、一群頭腦和嘴巴、一次技術進步帶來的可能性，還有把這些東西聚集在一起的運氣。我們發現自古以來，中國社會都教育自己的孩子要少說話，敏於思而訥於言，因為禍從口出，寧可「雞賊」也不要「犯二」，省得惹事兒。究其原因可能是農業社會，人一生的活動和生活範圍都比較封閉，說錯話別人記一輩子，成本太高。今天天下之大，讓更多人認識自己的好處可想而知，能言善辯、巧舌如簧，也不再是完全的貶義詞，取而代之的是「溝通能力」和「說服力」這些詞，恐怕前人難以想像。年輕的父母輩不再希望自己的孩子是個悶葫蘆，良好的溝通表達能力是今後行走江湖的重要生存技能，這是世道人心和文化結構的改變。

書名叫《好好說話》，其實是「好好思考」更貼切。這本書的作者們，都長了一顆異於常人的大腦，他們是辯才無礙的表達者，對話題和場景剝繭抽絲是強項，他們把從工作彙報到初次約會、買菜砍價，再到搞定客戶的種種場景，分門別類地為你支招，還把這些小招數，無論多麼複雜都用1、2、3說清楚，好記好用。收點錢還美其名曰知識消費，是消費升級大背景下的時髦花錢方式，你不買都不好意思。MBA課程總是告訴我們，你買的不是電鑽，而是牆上那個洞。相比之下，本書作者們賣的是貨真價實的思考和腦洞，他們賣的既是一件工具，又是那個結果，真心不貴。

我自己近些年有一個明顯的變化，眼花了，對於印刷品的閱讀，行為成本提高了（這句話的意思就是看書有點費勁）；聽有聲書，成了一個重要的「閱讀」方式，感謝技術進步，我覺得閱讀效率並沒有降低。

《好好說話》是一個收費音訊產品，正是應時當令，幹嘛要出書？一魚兩吃就是為了多掙一份錢嗎？我也沒敢問馬薇薇、黃執中、周玄毅、胡漸彪、邱晨，但是我理解他們做為一群自以為是的「智識分子」，對印在紙上的文字有一種病態的執著，而文字本身又是對這個音訊產品的一個很好的補充，至少他們重新校訂，發現了很多自己的信口開河，嚇出了一身冷汗，想想我就開心。

最後要感謝運氣，讓我遇到了這群有趣的人。看完這本書，你一定會有些改變，更好或者更壞。寫序已經沒詞兒了，趕緊翻篇兒，去看後面的內容。

序言二

不只是一本教你說話的工具書

黃執中

每個人，都會說話。

那為什麼，我們還要去「學說話」？

一種可能，是因為我們都想更精確地，表達自己的想法。

有口難言，是一種痛苦。

那種腦中心思起伏、想法無數，但一到嘴邊，卻又變得模模糊糊、捕捉不住……

那種你所說的每句話，都跟你腦中真正想的，有落差……

這「失語」的過程，是一種令人極其沮喪的痛苦。

你說了，但人家聽不懂。

或者人家聽懂的，不是你真正想說的。

你的想法，在這個世界，傳遞不出去……

而人對世界的無力感，往往，便是從他對語言的無力感開始的。

所以，我們想要學說話。
因為能把自己想要傳達的訊息，說得清楚而精確，會讓人產生自信，與力量。

另一種可能，是因為我們都想掌握權力。
話語，是一個人拳頭的延伸。
它能指揮、能影響、能安撫、能誘導、能保護、能傷害……在不准揮拳頭的文明世界裡，它是你與生俱來，最基本的武器。

而一個人，如果不會談判、不懂辯論、不知溝通、不擅說服……
那麼，他就等於是赤身裸體，在面對這世間的種種衝突。
所以，我們想要學說話。
因為我們都不希望，有朝一日，人們居然還得用真正的拳頭當武器。

又一種可能，是因為我們都想更近一步地，認識自己。
話，是說給別人聽的。
但選擇說話方式的人，是你。
我為什麼會選擇這樣說？

我為什麼會選擇對「他」說？
我為什麼，會覺得這個能說，那個不能說？
是的，我們的期待與執念，幻想與假設，情緒與偏見，認知與盲點……向來都是潛藏在每句貌似不經意的話語裡。

都說善於溝通的人，能「聞弦歌而知雅意」。
而他能解讀別人，也能解讀自己。

所以，我們想要學說話。
因為人一生中，所有向外的追尋，最終，都是回到他自己。

這本《好好說話》，是一本工具書。
但看工具書，未必，需要帶著工具的心態……
是為序。

目錄

02 溝通——將雙方置於同一平面

人與人之間本是不相連的個體。唯有透過溝通，我們內心的認知才能有機會擺在同一個層面。因此，溝通不只是一般人眼中的說話技巧，更是一種幫助你打破自身局限、在交流中實現自我，並且進一步幫助他人自我實現的技能。

目錄

03

說服——

將觀點植入對方心中

一切的說服都只是為了找到一個切入點，好讓對方能從中為自己找出一個去做的理由。所以，當我們要說服別人的時候，第一步就是要意識到，每個人都必須擁有對自己行為的選擇權，確保它，並且善用它。

04

談判——

把衝突變成合作

首先，談判起於僵局，且必然發生於「不可忍受的僵局」。其次，談判的本質就是交換，且主要交換的乃是雙方評價不相同的事物。為彼此創造出各種評價不同的事物以供協商與交換，則是所有談判的精髓所在。

05

演講——靠語言的力量贏得觀眾的好感

在五維話術體系中，演講是形式最簡單，也最能明顯體現一個人是否會說話的一項。因為雖然人人都會說話，卻很少有人敢於、善於對眾人說話，做到自信、流暢、清晰、生動地表述。

06 辯論——透過對抗爭取協力廠商支持

對於普通人而言，辯論訓練對於提升反應力、洞察力和大局觀很有幫助。而在這個充斥著唬弄和不靠譜的世界裡，辯論思維也是一種必要的「心智防身術」。

引言 這個時代要怎樣好好說話

二〇一六年六月，馬東領銜《奇葩說》智囊團，推出線上音訊課程《好好說話》。在中國最大的音訊平臺上，這款現象級產品（注：號召力、影響力極強的產品，以致一段時間內人人都在談論，成為一種社會現象），迅速躍居付費內容銷量榜首。

箇中原因，做為主創的《奇葩說》「金句女王」馬薇薇，做了最為精準的總結：「因為我們教的東西，大學沒有，人生必修。」

一直以來，我們以聽話的方式被教育，卻又以說話的方式被考核，這很尷尬。我們所學的東西無不以表達為指向，他人對我們的看法也幾乎都以表達為依據，可是做為最直接表達方式的「說話」，卻始終處於極其邊緣的地位，這也很尷尬。

尷尬之所在，正是機會所在。況且，在成功所需要的一切因素裡，相較於出身、機遇、精力、智力、意志品質，我們最能控制的其實就是說話這件小事。以說話為切入點，可以給自己的人生開啟一個遼闊的新世界。那麼多年輕人被《好好說話》課程吸引，這本身就是明證。

問題是，「好好說話」應該怎麼學？傳統的教法，是讓我們從「好好做人」自然達至「好好說話」。想法是好的，只是現代社會對我們的要求，無法僅憑溫情和善意來實現。高度競爭且複雜的人際關係、快節奏的學習和工作環境，要求我們掌握更加智慧、更有銳氣、更強調科學性與可操作性的「好好說話」之道。

所以，本書要告訴你的方法是：從錯誤中學，從場景中學；以分析的心態學，以通融的智慧學。

關鍵詞1：誤區（錯誤觀念）

常被人詬病的「不會說話」，比如緊張怯場和言語衝撞，其實只是冰山一角，也容易改正。而大多數的說話問題之所以會成為問題，恰恰就是因為很難被意識到。能聽出問題的人，大多都是「老油條」，打個哈哈、給個軟釘子也就是了，不會因此跟我們抬槓；而聽不出問題在哪裡的人，會本能地覺得不爽，跟我們鬥氣，給我們難堪，卻讓我們說不出個所以然來。

本來只是說話的錯，最後變成我這個人不好，豈不冤枉？所以，學會「好好說話」的第一步，就是認識到工作和生活中那些隱而未現的錯誤。本書對於說話問題的相關分析，幾乎都是從錯誤觀念著手，正是基於這個原因。

關鍵詞2：場景

學說話就像習武，一方面，練套路只是為了加強肌肉記憶，所有的運用都要在具體場景中進行；另一方面，只停留在直覺反應層面的技巧又太過狹隘，換一個場景就完全失效。簡言之，說話要在場景中學，但是停留在既定場景，又很容易東施效顰。傳統的口才教育，也存在這種理論與實踐的斷層。

因此，本書的具體案例教學會按照這樣的節奏進行：第一，圍繞具體場景來講原則；第二，把一個場景中提煉出的原則，落實到新的場景中去。所以你會看到，情侶溝通的技巧，同樣可以用在商務談判中；說服的基本原則，對演講也同樣有效。使讀者舉一反三地落實到自己生活中的其他場景，是本書教學方法的精髓。

關鍵詞3：分析

評估狀況，是「好好說話」的題眼。可是，像「審時度勢」「會察言觀色」之類的說法太過模糊，無法幫助我們客觀評價說話的局勢。所以，除了啟迪和悟性這類老生常談的智慧之外，我們還要教給你一套有關話語權力關係的視覺化分析方法——語際關係圖。這種簡單易用的圖像化技巧，能幫你做一個心裡有底且說話可靠的人。

關鍵詞4：通融

和健身一樣，說話能力也是以全面發展為目標進行分項訓練的。有側重點、有全域觀，才是通融的學習方式。「溝通」「說服」「談判」「演講」「辯論」，構成了我們的「五維話術體系」，五維俱全，就能在任何場景下「好好說話」。五個領域之間的連繫和轉換，是掌握好好說話之道的鑰匙。

總之，在這本書裡，我們會發現過去沒有覺察的錯誤觀念，掌握過去不曾了解的方法，以全新的視角看待熟悉的場景，從更高的維度破解說話的迷局。

來，和我們一起，好好說話。

01
五維話術

在任何場景下都能好好說話

說話，是一個人綜合素質的集中體現。

但是籠統地談「綜合」，不足以認清說話為什麼會出問題，以及具體要從哪些方面來提升說話水準。

因此，我們圍繞「話語權」這個核心，將話術分為「溝通」「說服」「談判」「演講」「辯論」這五維，全面呈現說話的精微奧妙。五維之間既有區分，又有相互轉化的內在趨勢。因此可以說，這是一個「全息」的說話練習體系。

說話之傷都是暗傷

世界上本來沒有「健康」這回事，所謂健康，只是尋常。同樣，好好說話也不是什麼了不起的事，只是因為「壞壞說話」的人太多，讓別人心煩氣悶而不自知，才需要我們專門學習「好好說話」。在分科問診、吃藥打針之前，先來看個急診，發現自己身邊的「說話誤區」吧！

不會說話是個大問題；沒意識到自己不會說話，是更大的問題。

回想一下，你的人生中有沒有經歷過一些靈異事件？莫名其妙，有些人開始疏遠你；莫名其妙，有些邀約人家就是死活不同意；莫名其妙，你會碰到一些或明或暗的軟釘子。最可怕的是，你甚至根本不會意識到這一切正在發生，而只是隱隱覺得不順、隱隱覺得哪裡不對。

說話之傷，都是暗傷，自帶緩釋效果，若無人點醒，至死不知。

道理很簡單：能意識到你問題所在的，通常都不會告訴你。心大點的，察人之過笑而不言，但是知道你這人不靠譜，以後有重要的事不能指望你，就會疏遠你；心稍微小點的，不跟你計較，但是客客氣氣找個別的藉口拒絕了你；等而下之的人，甚至會一邊給你難堪一邊裝大度，讓你死都沒死個明白。

好在這本書是個合適的平臺，讓你能從別人的錯誤中意識到自己的問題。透過這本書，你會看到很多尷尬、很多是非，甚至很多殘酷的真相。但是若非知道這些「壞」，你的「好」真的得打上一個大大的問號。

當然，你也沒必要自責。好好說話的道理，只靠自己是很難悟出來的。你可能本能地覺得別人在某些方面不會好好說話，但是由於缺乏對背後原理的分析能力，你同樣也會本能地將其歸咎於態度或者智力，除了對方的「壞」或者「傻」之外，並沒有任何說話技巧上的收穫。其實，故意不好好說話的畢竟是少數，在我們遵循社交規範的情況下仍然會存在的那些說話問題，才是值得我們深入思考的。

同時，由於說話本身的複雜性，好好說話的能力也從來都不是一項天賦的技能。天性善良的人，容易木訥；天性聰明的人，容易尖銳；天性大大咧咧的人，容易傷人不自知；天性細膩柔和的人，容易絮叨惹人煩……特別是，說話有很多特殊的場域，比如公開演講，比如激烈爭辯，比如鉤心鬥角的談判，比如扭轉局勢的說服，比如揣測人心的溝通，每一個都是瞬息萬變的戰場，每一個都需要精益求精的技藝。僅憑一身蠻力成不了將軍，僅憑自己的一點小聰明，離說話達人還遠得很。

所以，無論你多小心謹慎，也一定會不自覺地犯過很多錯，給人添過麻煩令人氣悶，讓人家明裡暗裡罵一句——「你能不能好好說話？」

我們和你一樣，我們和大家一樣，一直都在好好說話的路上不斷學習、總結。這本書裡提到的很多誤解、迷思，可能會以任何一種形式發生在任何一個人身上，毫無人身攻擊，敬請對號入座。

說話的底氣來自實力

我們是醫師，不是禪師；我們教的是入世，不是出世。針對具體問題給出具體解決方案，一定會有技巧，一定會有心機。這不是腹黑，這是智慧。屬於這個時代的好好說話，有朝氣，也有銳氣；不傷人，卻也不用屈己從人。

誰都不能保證自己永遠能好好說話，怎麼辦呢？很多人自以為發現了解決之道──「既然禍從口出，那我不說話、少說話，只說客套話和場面話好不好？」

所以你有沒有發現，在日常語境裡，好好說話的教誨經常被當成「像好好先生那樣說話」，用來挫傷年輕人的銳氣。由於這種誤解，很多人以為，教人說話無非是講些恭順禮讓、與人為善、退一步海闊天空之類的陳腐論調罷了，似乎只要足夠寬厚仁慈，就能好好說話。

真是這樣嗎？看一個常被用來教導我們不要說話的案例。

問：世間有人謗我、欺我、辱我、笑我、輕我、賤我、惡我、騙我，如何處置乎？

答：只要忍他、讓他、由他、避他、耐他、敬他、不要理他，再待幾年你且看他。

這是唐代高僧寒山和拾得之間的對話。我們先別管拾得的態度是否灑脫，先想一想：他的對仗之工整、用語之精準、反應之敏捷，豈是常人能及？而且你知道嗎？這句話說完，拾得和尚接著又念了一首很長的偈子：

老拙穿衲襖，淡飯腹中飽；補破好遮寒，萬事隨緣了。有人罵老拙，老拙只說好；有人打老拙，老拙自睡倒；涕唾在面上，隨他自乾了；我也省力氣，他也無煩惱。這樣波羅蜜，便是妙中寶……

（此處省去兩百九十個字，全文一共三百六十個字）

是不是頭都暈了？現在想一想：如果我們跟拾得吵起來，以他這樣的口才，我們確定能贏得了嗎？

知道人家為什麼這麼淡定了吧？因為有底氣。

底氣來自實力。淡定地「不說話」的底氣，來自「如果說，就一定能好好說」的實力。所謂靜水流深，才能胸有驚雷、面如平湖，不是說肚裡一包草、臉上帶著溫暖的笑，你就能立地成佛。就像韓信能受胯下之辱，就像拳王不跟小混混動粗，就像桌球傳奇劉國梁被無知網友說成是不懂球的胖子也不惱火。那些溫其如玉、不跟一般人計較的高手，都是先有說話的實力，再有從容淡定的風度。只是因為他們呈現出來的往往都是八風不動、娓娓道來的氣質，讓很多人誤以為只要學到了這個外表，就學到了好好說話的精髓。

再舉一個經常被用來教我們不要多說話的案例。

子曰：「剛毅木訥近仁。」又曰：「巧言令色鮮矣仁。」

剛毅木訥，就是看起來不會說話的樣子；巧言令色，就是看起來很會說話的樣子。表面上看，這是把「會說話」當成了一種罪過，但是且慢，你比較一下孔子對他最喜歡的學生、以德行著稱的顏回是怎麼評價的：

「吾與回言終日，不違；如愚，退而省其私，亦足以發，回也不愚。」

這句話有兩層意思：第一，跟你說了一整天，你沒什麼語言來回應我，這讓你看起來很蠢；第二，你私底下其實能把我的意思講得很清楚，還能做很好的發揮，這說明你不蠢。

可見，蠢不蠢，正是由「會不會說話」來判斷的！

其實，「剛毅木訥」是一種說話方式，「巧言令色」也是一種說話方式，關鍵看我們用的地方對不對。對老師講話，當然要剛毅木訥，有一說一，點到為止，不然老師會覺得你在懷疑他的智商；對其他同學說話，當然要善於鋪陳，有一說十，自由發揮，不然起不到充分講解、答疑解惑的作用。真正的「巧言令色」，其實就是按照不同環境變換自己的說話風格，只是偶爾沒轉換好、顯得浮誇，就會被人揪住小辮子。也就是說，遇到孔子，我們的「巧言令色」恰恰就是「剛毅木訥」；而能被看出來「巧言令色」，只能說明我們「巧言令色」的水準還不夠罷了。

覺得以上這段分析太暗黑？那就講個更暗黑的道理——心大，反而讓我們不能好好說話。

我們都知道「童言無忌」這句話，一派天真爛漫，想來是極可愛的。可是再想想，為什麼非要專門拎出「童言」來說它「無忌」？豈不恰恰是因為，小孩子是最容易犯忌諱、最不會說話的？

為什麼？因為心大。

心大，就會欠缺察言觀色的敏銳；心大，就會無法洞悉對方的言外之意；心大，就會說話欠考慮；心大，就會傷人而不自知。回憶一下，我們有多少次被人樂呵呵地刺痛，然後人家還特別煩我們小肚雞腸？我們有多少次聽到的道歉是：「其實我不是這個意思，你不要多心」？

被這樣的人傷害，不回擊，憋屈；回擊，加倍憋屈。因為當心大成了美德，就不用好好說話了，反正這樣才是直率嘛！

你當然不喜歡這樣的世界，你當然不希望成為這樣的人，因為你已經不是小孩了，聽話的時候可以心大，說話的時候卻必須要心思縝密。而這絕不是做個好好先生、提高個人涵養就可以做到的——好好說話，是個複雜嚴密的技術活。

更何況，在這個快速變化的時代，「好好說話」的含義跟傳統社會根本就不一樣。現代社會的四個特點，決定了說話能力的重要性達到前所未有的高度。

第一，它是由契約精神維繫的陌生人的集合。決定你是誰的，既非身分關係，也不是外在限定，而是你的表述，每一個人都必須平等地以自己的言說來證明自己的存在。這並不是說，「你說什麼你就是什麼」（「You are what you say」經常被誤解成這個意思），而是說，人們更多地從你的言論來判定你到底是個什麼樣的人。

第二，它以標準化和規範化為基本原則，除了極少數走在前沿的科學家和藝術家之外，大多數人所從事的都是標準化的工作，這保證了效率最大化，卻也使得脫穎而出顯得越發困難。之所以有人抱怨「幹得好不如說得好」，之所以企業越來越強調當眾表達力，之所以創業者越來越注重個人魅力和演講的功夫，不是因為做事不重要，而是因為在大家能幹的活越來越趨同的時候，說話變得更加重要。

第三，它在資訊氾濫的同時，伴隨著注意力的稀缺。有沒有發現，春晚的相聲早就開始在炒網路段子的冷飯？有沒有發現，網路流行語和表情包已經成為大多數人私密聊天的主要內容？新興的資訊產業跟原本的大規模工業生產沒什麼不同，無非是捧紅幾個超級IP（注：intellectual property，直譯為「知識產權」。特指那些具有長期生命力和商業價值的，能夠衍生出一系列跨媒體內容的文化品牌。比如哈利．波特系列小說、電影及周邊產品，就統一在「哈利波特」這個超級IP旗下），卻讓大多數人在鸚鵡學舌的一波波狂歡中淪為新時代的「失語者」。

網路讓話語的傳播更快、更廣，卻也讓「會說話」——也就是說話有創意、有趣味——變得更難。「你成功地引起了我的注意」，不再只是霸道總裁的調侃，而是對會說話者的真實讚美。像綜藝節目《奇葩說》這樣全國海選幾萬人的節目，最後選出來能讓全國觀眾聽得下去的、說話有意思的人又有幾個？能達到這個程度，才是真正意義上的好好說話。

第四，網路在使說話收益大增的同時，其放大和固定效應也使說話的風險越來越大。說錯一句話，代價有多大？可以讓官員下馬，可以讓明星挨罵，可以讓企業股價大跌，可以讓個人成為眾矢之的。從來沒有哪個時代，個人隨口一句話可以一天之內引起全國輿論嘩然；說話，從不曾變成一件如此可怕的事情。

總之，我們不得不說話，不精彩不行；我們也不得不謹慎地說話，不小心也不行。不能逃避，那就必須面對，教你用說話的方式應對這個苛刻而激烈的時代，正是本書的主旨。用第二屆《奇葩說》冠軍邱晨的話來說：兼具「耐思」（進行深入思考和分析的智慧）、「耐撕」

（處理觀點交鋒和利益衝突的能力）、「nice」（與人為善追求達成共識），才是這個時代所要求的「好好說話」。

所以，以下你將看到的不是修身養性的出世之語，也不是溫良恭儉的老生常談。「好好說話」的原則是科學，也是技術，既有理論基礎，也有生活中的直覺感悟。我們要用解剖刀，把說話的門道條分縷析；我們要用顯微鏡，把成功和失敗的隱性要素變得一目了然；我們要用林林總總的標本，來演示高手和庸手的微妙區別。我們要讓你變得謙和而又自信、善辯又能守拙、光彩奪目又機鋒內斂、能錙銖必較也能把酒言歡。總之，是把你從人群中的「小透明」，變成進退自如的「那一個」。

每句話，都是權力的遊戲

不會好好說話，歸根到底是因為「弄不清情勢狀況」。那麼，到底要怎樣分析狀況，才能確定正確的說話策略？一個最明確的指標是：權力關係。它決定了現實的語際關係，決定了各類場景下說話的基本原則。為了在開口之前心裡先有譜，我們用圖示來明晰話語中的權力形勢。

一枚導彈，造價從百萬元到上億元不等，其中，炸藥的成本幾乎可以忽略不計，貴，是貴在能夠打中目標上；一間公寓，賣價從百萬元到上億元不等，其中，建材和人工也不是大頭，貴，是貴在地段上。

說話也是一樣，重要的是語境。我們要教，就從這裡教起。

先說一個例子。在名人名言的歷史長河中，第一季「奇葩之王」馬薇薇至少可以得一個「最簡短有力獎」的單項冠軍，她那句「養條狗啊」如果不算語氣詞，其實只有三個字。可是，為什麼這三個字會成為年度金句？進一步說，為什麼這簡單的三個字能夠瞬間引爆全場？

只是因為它恰到好處地出現在了一個壓抑已久的火藥桶上，輕輕一擊，就炸了。

當時的辯題是「沒有愛了該不該離婚」，秉持「沒有愛卻仍然要在一起」這一方提出：「沒有愛了，還是能夠（像朋友一樣）相互陪伴啊。」這是個雖然讓人隱隱不爽，卻一時也說不出哪裡不對的理由。畢竟對方身段柔軟近於乞求，就算有悖情理，也讓人不好意思發作。

於是，當全場的鬱結之氣充斥到一定程度的時候，馬薇薇站起來了。她先是順承著對方溫情的說法，柔聲道：「你沒有愛了，需要陪伴，」──然後話鋒突轉，用她特有的、極具殺傷力的嘲諷口一字一頓地說：「養條狗啊！」

就在這一瞬間，觀眾被轟然引爆。這既不是因為這三個字說得鶯啼婉轉、繞梁不絕，也不是因為這三個字本身有什麼笑點，而只是因為這三個字以正確的方式（簡潔有力形成反差），被運用在正確的時機（觀眾欲吐槽而不得，急需一個出口）上。

這就是語境的力量。

所以，掌握語境，說話才有效果。在什麼時候說什麼話，關鍵是順應當時、當地語境的需求。那麼，應該怎樣正確分析語境呢？除了學習以上這樣一些經典案例之外，我們還要掌握一套通用的方法。

這套方法的核心理念是：「每句話，都是權力的遊戲」。以「權力」為線索，明白話語裡面的權力關係，才算是拎得清狀況。比如以上這個例子，在《奇葩說》現場，觀眾是絕對的權力方，「沒有愛但還是需要陪伴」這個觀點，必須要等到觀眾心生疑惑、覺得哪裡不對又還沒想明白的時候，突然點破，才會有效果。事先講一個準備好的笑話，只會讓人覺得生硬。

必須澄清的是，首先，這裡的「權力」不是鉤心鬥角的宮心計，也不是官大一級壓死人的強迫，它是語言過程中自然形成的形勢關係。其次，說話是權力遊戲，但卻不只是爭取權力的遊戲。好的語言，既能獲得也能賦予權力，也就是能讓對方從中獲得力量，產生信任，受到鼓勵。

另外，按照第三屆《奇葩說》冠軍、口語傳播專業研究者黃執中的說法，口語傳播與大眾傳播不同，它不是利用既有的話語權，而是依靠個人能力去獲得話語權，而這正是「好好說話」的研究對象。在自媒體取代傳統媒體的時代，這是尤其重要的。因為我們的表達不再只依賴報紙和電視的曝光；恰恰相反，就算擁有傳統媒體的強制權力，說話本身如果出了毛病，照樣會在社交網路上變成過街老鼠。所以說，這個所謂「權力的遊戲」，不但不是陳腐的厚黑學，反而是理解新時代媒介氛圍的關鍵。

總之，話總是說給人聽的，說者和聽者總會構成某種關係，而在特定的關係中，總會存在誰主動誰被動、誰需要爭取誰的問題——這就是我們說任何話的時候都必然要身處其中的「權力關係」。純就學理來說，影響他人的觀念正是語言的終極目的。你需要影響誰的觀念，誰就掌握著這場語言遊戲裡生殺予奪的權力。比如，當希拉蕊和川普辯論時，他們要爭取的是選民的好感，所以選民擁有權力。他們兩人的眼睛雖然盯著對方，但是心裡都在想著那些無處不在的真正權力者。又比如，賈伯斯開新品發布會，首要目標是爭取媒體的關注，所以媒體擁有權力，雖然他在現場儼然是神一樣的存在，但是無論使出多少花活，萬變不離其宗的目的是「讓記者傳達我想傳達的資訊」。

掌握這樣的分析方法，我們才能抓住題眼，在未曾開口之前先看清說話的真相。反過來說，我們日常生活裡大部分的「說錯話」，不過是因為沒搞清權力的歸屬，錯誤地理解了場景，從一開始就選錯了策略。

常見的五種說話場景裡，權力的大致關係如圖1所示：

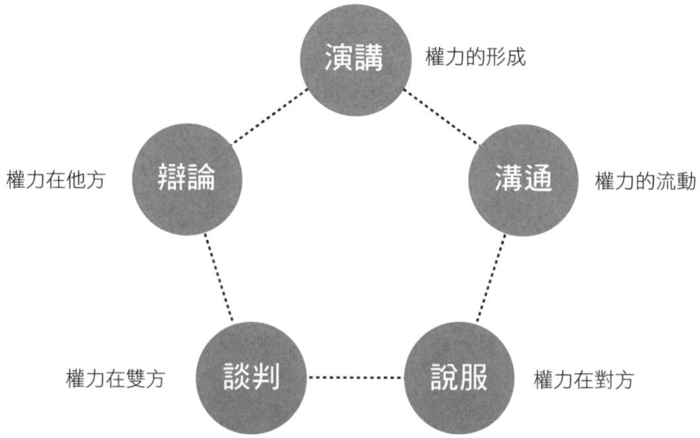

演講 — 權力的形成（吸引、聚焦與引導）
溝通 — 權力的流動（避免衝撞與協調轉向）
說服 — 權力在對方（無權的一方要改變有權的一方）
談判 — 權力在雙方（雙方要合作，才能解決問題）
辯論 — 權力在他方（雙方無權決定勝負，通常由中立協力廠商裁決）

圖1 說話是權力的遊戲

下一節還會更詳盡地對這五種說話場景中的權力關係進行分析，但是首先，我們可以對照圖1，自測一下我們是否犯過如下這些錯誤。

典型錯誤1：演講時，才上臺就急著煽情或者下結論

在話語權還沒有形成，也就是還沒來得及在觀眾心中建立起我們的親和性、可信度和權威感的情況下，這樣急於求成的說詞，從來就不會有任何效果。帶著這個思路，我們再回看那些經典的演講視頻，會發現演講者最開始都會有一個成功的破冰，也就是在三言兩語間拉近與聽眾的距離——先獲得觀眾的心理認可，再來傳達真正重要的資訊。我們必須先理解演講是「權力的形成」，重在對聽眾的吸引、聚焦和引導，才能在這個場景裡掌握主動。

典型錯誤2：溝通時，喜歡強行推進自己的結論

比如，有人喜歡用反問和追問的方式逼迫對方同意自己的某些觀點，以為這樣步步緊逼，就是逐漸接近真相的透徹溝通。然而，這樣做，要麼使對話演變成爭吵，要麼對方嘴上說不出什麼，心裡會徹底對我們關門，變得越來越難溝通。因為溝通是「權力的流動」，重在拉平二者的關係，讓雙方都能講出自己的真實想法，所以我們需要的不但不是刨根問底，反而是要像

激流中的划艇者那樣，在容易觸礁的地方不斷協調轉向，避免衝撞。任何一方凌駕於另一方之上，甚至只是暗示出地位的區別，都是溝通的大忌。

典型錯誤3：說服時，以為只要能辯倒對方就可以「以理服人」

事實上，說服是「權力在對方」的一個場景。想像一下，做為一名顧客，我們完全不需要任何理由，就可以拒絕任何人推銷的任何東西。這時候，如果售貨員以為可以以理服人，一定要問出「為什麼不買這件東西」，說不出來就必須買，我們是不是會報警？在說服的過程中，我們就是那個推銷員，對方才是顧客。而說服的關鍵，就是要尊重並且利用對方的自主性，使其從自身角度出發，心悅誠服地接受我們所希望其接受的觀點。我們要卸下對方的心理防禦機制，訴諸對方自身的心理需求，讓「我說服了你」變成「你說服了自己」，讓「我的觀念打敗了你的觀念」變成「你的觀念升級了」。這既不是卑躬屈膝，也不是蠱惑人心，而是對說話中真實存在著的權力關係表示尊重。

典型錯誤4：談判時，以為只要真誠溝通就一定能攜手共贏

比如，我們有沒有為方案細節與同事苦聊通宵，以為這就是「有耐心」「善溝通」的經歷？這種透過軟磨硬泡取得的「共識」，真的能讓彼此合作愉快嗎？就算能，其中花費的時間

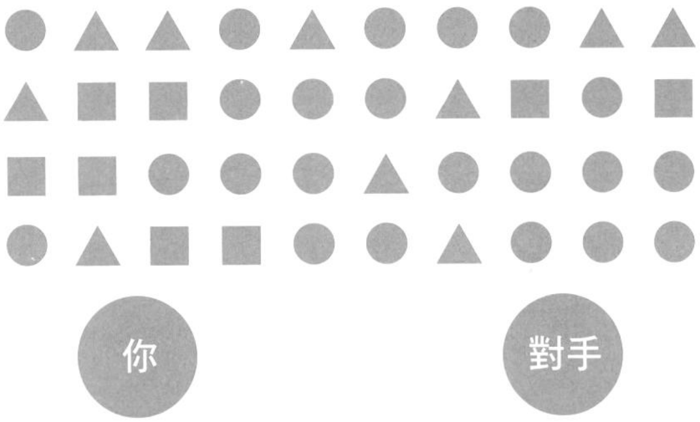

圖2 辯論其實是辯給協力廠商聽

成本是我們消耗得起的嗎？其實，當方案各有優劣、誰也說服不了誰的時候，我們所面臨的場景是談判，而不是溝通，而這是一種「權力在雙方」的情況。此時我們需要的是把各自的目的、訴求、損益擺到檯面上來談，透過討價還價的利益交換，盡快確定一個雙方都可以接受的版本。

典型錯誤5：辯論時，以為只要壓倒對手就是自己的勝利

接著上面這個案例說。當雙方就某些細節爭執不下的時候，我們也可以透過引入「有決定權的協力廠商」（比如雙方共同的上級）來解決僵局。這個時候，場景就變成了辯論，而辯論是一種「權力在他方」的話語體系。形象地說，是彼此都盯著對手，但是心裡都在想著怎樣得到旁觀者的認同。對手其實並不重要，他們只是我們向協力廠商證明自己正確的一個工具。這是辯論的基本策略，也是辯論講究風度的根本原因。（見圖2）

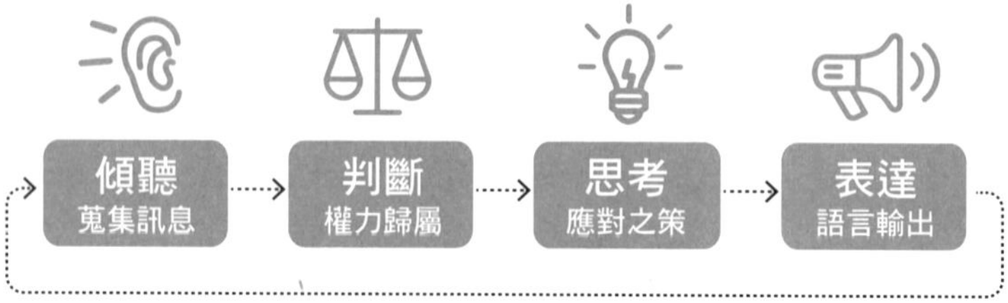

圖3 好好說話策略流程

以上這樣的場景劃分和權力關係梳理，只是最粗略的概述。實際上，我們在每次開口之前，都應該結合具體情況，快速做一遍分析，以圖3為例。

在任何一個場域裡，我們都必須透過聆聽和觀察蒐集足夠的資訊，來判斷權力歸屬和場景。同樣，在每一個場景裡，我們都可以透過觀察、分析這幾個維度，來調整說話策略的細節，具體見圖4。

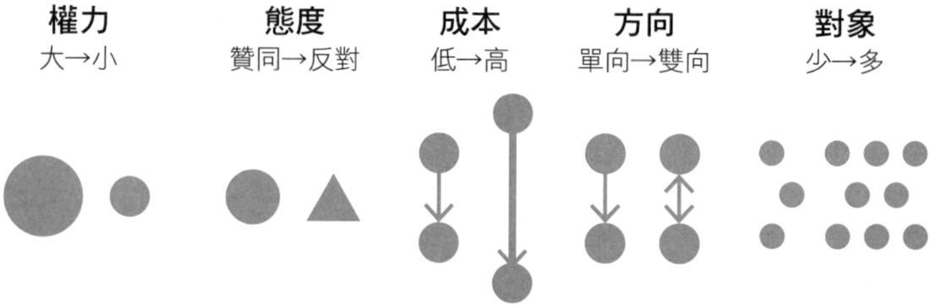

權力 — 你需要影響的人，自身影響力越大，則權力越大
態度 — 對方對我們的初始態度是支持還是反對，抑或是中立
成本 — 我們為影響此人的觀點需要付出的綜合成本
方向 — 彼此之間的交流是單向的還是雙向的
物件 — 我們面對的受眾多與少

圖4 說話的不同場景

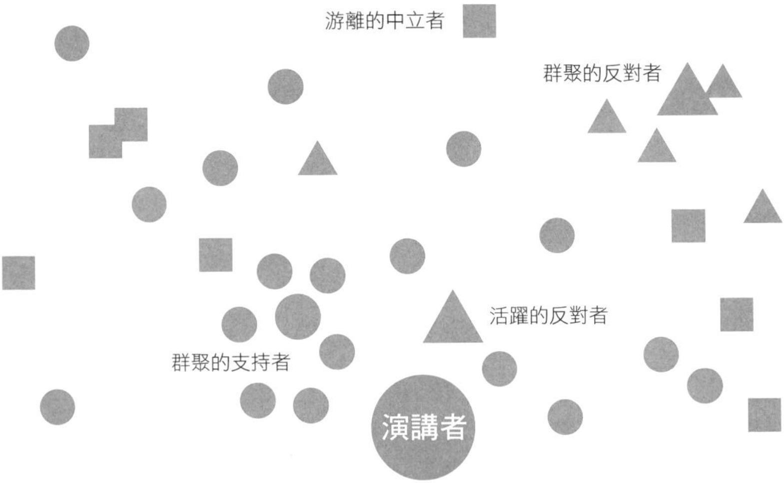

圖5 某個場景下演講者要面對的觀眾

現在，我們試著用圖3的方法，分析某個環境空曠、聽眾鬆散的演講場景裡，大致的權力關係是什麼樣的。（見圖5）

在圖5裡我們能看到的是：首先，靠近、關注我們的人，往往是我們堅定的支持者。所以，演講時要建立一個輕鬆的氣氛，放鬆自己緊繃的情緒，就要先和自己的支持者建立語言和情緒上的默連結。很多有經驗的演講者在開始正式講話前，會先與臺前比較靠近的人握手，或者公開與場內的熟人互動，就是這個道理。

而那些表情漠不關心的人，既有可能是中立者，也有可能是反對者。後者一般會暗自搖頭，或一邊搖頭一邊與人交頭接耳，你很容易就可以在人群中把他們分辨出來。一場好的演說，不只是場面熱鬧、笑聲不斷，還必須留下值得思考和稱頌的觀念，演說才能流傳。而這些，要靠你將中立者轉化為支持者，或者將那些不那麼堅定的反對者轉化為支持者，才能實現。

至於那些主動靠近我們、嘗試打斷我們，甚至提出刁鑽問題的人，則是活躍的反對者。我們完全可以透過良好的應對挑戰來強化支持者的關注，並轉化部分中立的聽眾，加入支持者的行列。

當然，我們沒必要，也沒可能每次說話前都做出這樣的圖示。但是要知道，高明的說話者之所以能夠掌控節奏，就是因為他們都有這樣一份內化於心的局勢圖。如果一開始你的直覺並沒有這麼強，那就不妨按照以上所演示的圖像化方法，試著分析一些常見的說話場景，把它當成練習快速分析說話場景的輔助工具，最終做到對說話中的權力關係瞭若指掌、運轉自如。

話術能力是「全息」的

說話，是一項綜合能力，而傳統口才教育最大的缺陷是只講單項訓練，不解「全息話術」的奧妙。事實上，正如色有三原、光分七彩，話術能力也是由五個維度集合而成的。按照前面提到的權力關係的不同，分別是溝通、說服、談判、演講、辯論。理解它們相互之間的此消彼長和滲透轉變，使其隨緣應化地共同發生作用，我們就能在任何場景下好好說話。

我們生活在由話術建構的現代世界，這個祕密，少有人知。

不知道，就會困惑。你不明白為什麼權力的話語會讓位給話語的權力，不明白為什麼眾聲喧嘩卻只有極少數人脫穎而出，不明白為什麼輕聲細語能引發雷霆，不明白是什麼魔法在操縱人心。多年來，只學會了把自己的挫折、自己的無力、自己的不自信、自己的小透明、自己的泯然眾人、自己的話不投機，悻悻然擠成一絲苦笑——「唔，我這人，就是不太會說話。」

當然，這不是你的錯，你也曾經努力學習。有人含著石子練發音，有人在公車上演講練膽量、有人練習昂首挺胸希望觀眾看不出自己的無助，有人生吞經典希望用詞藻掩蓋思想的蒼白。最後，你學會了滔滔不絕段子滿天飛，學會了反唇相譏誰也不敢惹，學會了凡事轉大詞蒙得人暈頭轉向，學會了看人下菜碟、扮豬吃老虎。你戰勝了這個世界上百分之九十九的用戶，成為大家眼中「會說話」的人。然而諷刺的是，如果你有能力達到這層境界，你的智商就足以產生下一個疑惑——這，真的是好好說話嗎？

低階的口才教育，解決不了更高階的困惑。所以你轉向最後百分之一站在話術頂峰的偶像，你去看《奇葩說》的辯論，你去看TED的演講，你去看大師的公開課，你去看EMBA（高級管理人員工商管理碩士）的談判教程，在偉大航路的後半程時，你發現一個令人目眩神迷的新世界，覺得自己之前只是在爬行，而他們卻是在飛翔。你不由自主地驚呼：哇，真帶勁！原來好好說話真有改變世界的力量。

可是興奮勁兒過去之後，又有一個新問題——這究竟怎麼學啊？

於是你懷念起之前那個層次，很多方法固然傻、固然low，但至少你明白要怎麼做。可是現在這些人，猶如羚羊掛角、天外飛仙，你瞠目結舌他們居然做得到，他們也瞠目結舌你居然做不到。他們主宰，你們崇拜，有沒有更好的辦法？

有。二維的螞蟻，不是不能進入三維的聖殿，只要它不再把世界理解為平面。

所以，接下來我要告訴你一個祕密：話術能力是「全息」的。

溝通、說服、談判、演講、辯論，這是最常見的五種話術場景，對應五種不同的話術能力。每一個領域都有站在頂端的大神，他們的表現成為範本，供後來者學習。奇怪的是，他們說的每一句話都擺在明面，字字都是你的母語，然而你卯足了勁兒亦步亦趨，卻總是畫虎不成反類犬，這是為什麼？

因為你理解錯了。

沒有哪個成功的演講，純粹只是表演煽動；沒有哪個成功的談判，純粹只是鉤心鬥角；沒有哪個成功的辯論，純粹只是針鋒相對。你看到的分門別類的範例，無一不是綜合各種話術能力的結果。溫和的溝通，可能蘊含著辯論的機鋒和談判的策略；娓娓的說服，可能需要演講的華彩和溝通的訣竅。就像沒有哪個拳王只會一路拳法，也沒有哪個大師只懂一招話術。你所看到的每一個單項的話術經典，都全息地閃現著不同話術能力的光芒。

所以，話術大師和你的區別，就像是黑板前面站著的人，和黑板上的螞蟻看著同一個五邊形。後者看到的是特定的邊角，前者看到的是完整的圖案。你看到的是溝通、說服、談判、演講、辯論各個專項的高手，而真正的高手，卻只是在不同環境裡呈現不同的面貌。他們永遠只問自己一個問題：「在這個具體場景中，如何綜合運用演講、溝通、說服、談判、辯論這五項能力，呈現出最適合當下要求的說話狀態？」

視角不正確，一開始你就輸了。單學溝通，會變得像兔子一樣柔弱；單學說服，會變得像狐狸一樣腹黑；單學談判，會變得像鱷魚一樣冷酷；單學演講，會變得像孔雀一樣顯擺；單學辯論，會變得像刺蝟一樣難纏。因為你就像那只螞蟻，只看到銳利的邊角，沒看到圖形的全貌。在一般人面前，可能誰都說不過你，可是誰也不喜歡你。跟高手過招，你剛戴好拳套，就被一記邊腿KO（擊倒），昏厥前只記得對方冷冷丟下一句：「這是綜合格鬥。」

你本可以不輸，只要換個思路。

你還是要學習溝通、說服、談判、演講、辯論，因為任何一項短板（注：不擅長），都會讓你的話術失衡，就像油瓶鹽罐快要見底，不能隨心所欲地調和味道。但是不要忘記，單項能力從來不足以解決複雜的真實問題。就像廚藝的本質是調和五味，要的是調料俱全，而非使鹽更鹹、使糖更甜。任何時候都能好好說話，意味著既能清晰界定五種話術能力，知道它們各自的特點與不足；又能對它們綜合運用，按照不同場景選取合適的說話策略。所以你需要做到：

（1）具備並且強化五項話術能力；

（2）各項話術能力都能與其他項目配合使用；

（3）知道具體場景中如何配合使用才能達到最佳效果。

而這，正是我們可以幫助你的。

現在，讓我們把光分成七色、把色解析為三原，以前面提到的「權力」概念為線索，分門別類地介紹這五種話術能力。

溝通：權力的流動

溝通偏重「理解」，目的是要學會怎樣體會別人的角色、照顧別人的訴求。這是一個人維持人際關係、避免無謂摩擦，並創造良好氛圍的基本能力。溝通的要義是平等，雙方處在同一個平面才能打開心結，這就需要讓權力流動起來，消解既定的權力格局，協調轉向避免衝撞，營造暢所欲言的語境。

常見的溝通，有情愛溝通、親子溝通、危機溝通（避免爭端與形象修護）等。而進一步來說，溝通不只能解決我們與別人之間的摩擦，還能解決我們與自己的摩擦。在遇到糾結困惑的時候，不妨也用溝通技巧與自己交流，發現自己被壓抑的真實想法。這個時候，你就是自己的靈魂伴侶。

說服：權力在對方

說服偏重「改變」，也就是將我們的觀點和立場植入對方心中，讓對方按照我們的預設來想問題，並且得出我們想要的結論。這是話術最有成效的運用，以各種隱蔽的方式存在於常見的廣告和宣傳之中。

說服的要義，是時刻警醒「權力在對方」，做為無權的一方，我們需要用各種迂迴的手段達成目的。所以，說服不是說教、不是洗腦、不是靠機械地強化暴力灌輸，而是以勸導方式讓對方自行生長出我們所要的論點。而進一步說，說服不只用在外界，也可用於自身，很多自我激勵、自我成長的課程，其實就是說服技巧的一種延伸。

談判：權力在雙方

談判偏重「協調」，也就是在雙方合作才能解決問題的情況下，讓合則兩利、鬥則兩敗的雙方，在可衝突、能衝突的情況下去選擇合作，並且盡量實現各自利益的最大化。進一步說，談判的目的不是單純為了比拚彼此的籌碼，而是希望能夠透過博弈建立雙方的信任，彙集雙方的思考，進一步創造彼此的籌碼，避免零和博弈。

演講：權力的形成

演講偏重「表現」，目的是能夠自在、得體、有邏輯地向一般聽眾進行陳述。這是一個人建立自我身分、傳遞個人特色的最基本素養。演講具有激勵、告之、禮儀、娛樂等多種功能，但不變的特質是向中立聽眾系統地、不受干擾地進行陳述。

演講是形成話語權的過程，我們站在舞臺中心，不但要在形式上成為關注的焦點，還要在事實上成為控制全場的樞紐。克服怯場已經很難，讓聽眾全程不恍神，還要引導他們走向我們預設的方向，更是一種考驗。因此，演講是說話能力最外在的展現，能夠最鮮明、最突出地檢驗一個人會不會說話，也是人們練習得最多的話術專項。

需要特別強調的是，演講練習最容易上手，卻也最難精通。因為它要求的是表現力，只要稍加指導並且認真實踐，一個人就能克服常見的那些硬傷（注：明顯的、常識性的錯誤），成為還過得去的合格演講者。但是要講而演之、演而動人，不需要任何視覺輔助，就能傳遞切膚的感受和身臨其境的情緒，這卻是極高的境界，是要綜合頂級的個人魅力、表演能力和控場能力才能達到的。

辯論：權力在他方

辯論偏重「捍衛」，也就是有理有據地維護自己的立場、回應對方的質疑。但是由於雙方都無權決定勝負，所以其實是在共同爭取中立的協力廠商。好的辯論並非源於好鬥的低劣本能，而是基於高等教育所宣導的批判性思維方法。未經辯論的思想不值得接受，未經辯論的政策不應該推行，是現代社會在觀念和實踐方面的通行原則。

現代社會，各種廣告、傳言、心靈雞湯氾濫，我們每天都在遭受各式各樣的資訊洗腦，而辯論就是現代人必修的「心智防身術」。或許，它會讓人感到有點刺激、有點不適，甚至有點殺伐之氣，但卻是我們無從迴避，也必須培養的一種能力。更進一步說，辯論的目的不只是消極地「防身」，更重要的是，它能積極地提升決策的效率與品質。辯論，是一套討論問題的方法論。懂辯論的人一起討論問題，反而不容易陷入無謂的糾纏，能夠顯著提高效率。

介紹完了五維話術的基本特徵，下一個問題是：為什麼說它們具有「全息」性呢？我們演示一下話術修練的整個過程。要想成為會說話的人，首先，你至少要敢講吧？「會演講」，是一般人對「會說話」最直觀的認識，也是我們建立話語權力、讓人願意聽自己講話的第一步。

但是，當我們克服了初學者常見的困難之後，就會慢慢發現，演講這一關的終極瓶頸其實不是演講本身，而是與觀眾的溝通。因為無論演講水準多高，它都畢竟是單向性的，我們講得好固然是一方面，觀眾能否產生共鳴則是更重要的另一方面。了解觀眾的真實心意，看著觀眾的眼睛就知道現場如何隨機應變，這其實就自然過渡到了溝通的技巧。

與演講不同，溝通並不是要建立說話者自己的權力，而是要讓權力流動起來，也就是消解既定的權力格局，避免衝突，平等對話。然而在大多數情況下，只是傾聽和理解是不夠的，我們還需要一定的引導，說得不好聽一點，就是要摻進一點「私貨」。這樣一來，其實我們已經不只是在溝通，而是在說服了。

剛才提到，說服的要義是改變對方，而說服的場景又是「權力在對方」的。所以我們唯一能做的就是暗中植入觀點，讓對方自行產生出我們想要的立場。心理學有大量研究證明，人是多麼容易受到潛移默化的影響，商業社會也有大量行銷策略在實踐這些原理。但是畢竟，在很多時候，這種藏著掖著的說服是不起作用的，比如涉及重大利益抉擇的時候，比如遇到雙方相互想說服對手而處在膠著局面的時候，說服，就必須升級為把一切擺到明面上來講的談判。

談判，是雙方軟硬實力的比拚，在鬥而不破的前提下，盡量爭取利益最大化的共贏。這種「權力在雙方」的局面，導致話術的走向是尋求共贏，而這就需要試探對方各種利益的權重，並且評估、比拚乃至創造雙方的籌碼。這樣說來，最容易使談判陷入僵局的，就是雙方對同一個事物的不同認知，因此就需要引入中立協力廠商來化解（所以我們會看到，談判雙方經常要引用協力廠商機構的評估和仲裁），而這恰恰又是辯論的本質。

辯論，是最緊張刺激的話術，因為它最接近肉搏，是雙方觀點拳拳到肉的廝殺。但是不要忘了我們反覆強調的——辯論是針對協力廠商的，那些遊移不定、看哪邊都覺得有道理的觀眾，才是我們真正要爭取的對象。有理有據是必需的，但是辯論總會遇到論點出盡的時候，也就是能講的都講了，利弊都擺在這裡並且反覆質詢過了，可形勢仍然不明朗。這個時候，觀眾看的是什麼呢？看的是誰表現力強。說白了，這就類似於兩個推銷員的產品看起來都不錯，我們到底會買哪個，其實是要看眼緣的。

仔細想想，這個表現力不正是演講的要義嗎？以上我們從演講說到溝通，從溝通說到說服，從說服說到談判，從談判說到辯論，最後又說回到演講，這裡面的相互轉化其實是自然而然的事情，而這正說明話術的相通性以及好好說話的「全息」性。

我們還可以換一個角度來理解這種「全息」性。首先，溝通是話術之本，也是我們評價一個人會不會好好說話最核心的內涵（它沒有演講那麼引人注目，卻是更基本的說話素質），但是溝通本身並不足以解決絕大多數的說話問題。所以，這項能力只是基礎，要與其他能力綜合在一起才能發揮實用價值，就像土地是根本，但地裡得長出東西，才能解決我們的實際問題。

接下來，如果溝通得很順暢，但分歧卻仍然存在，那就必須涉及辯論。甚至可以說，辯論是溝通的深化，也可以把它稱為「衝突溝通」。而正如我們之前說的，當辯論交鋒到極致的時候，決定其勝負的是表演性，也就是我們能在多大程度上把對自己有利的東西「演」到觀眾心裡。可是話又說回來，演講到極致，會變成雖然激動人心卻經不住冷靜細想的純粹表演，要解決演講的單向性和煽動性問題，以勸導的方式讓對方自行生長出我們所要的論點，需要的是說服。最後，當說服的觀念植入技術不起作用的時候，雙方自然就要清楚呈現實力、籌碼和意志力，把一切擺到明面上來談，而這又是談判的領域了。

這樣說起來，是從溝通到辯論、從辯論到演講、從演講到說服，再從說服回到談判，仍然是一個環環相扣、息息相關的全息整體。像這樣的連繫，我們還可以找到很多，因為——這裡再強調一遍——話術能力是「全息」的，五維話術能力也是共同作用的，當我們將一種能力發揮到極致的時候，自然就會感覺到它進一步需要其他能力的補充，達到五維俱全的圓融狀態，才能使我們在任何場景下都能成為一個好好說話的人。

下面，我們就按照「溝通」「說服」「談判」「演講」「辯論」的順序，分享彼此相通的說話智慧。

02
溝通

將雙方置於同一平面

用最簡單的話來說，溝通就是使原本不相通的事物變得相通。

是的，人與人之間本是不相連的個體。你我之間那與眾不同的生命經驗、稟賦習性、生活背景，將彼此造就成了一個個口徑、深淺、形狀都不相同的容器。

此時，唯有透過溝通，我們內心的認知才能有機會擺在同一個層面。

因此，溝通不只是一般人眼中的說話技巧，更是一種幫助你打破自身局限、在交流中實現自我，並且進一步幫助他人自我實現的技能。

從社會的角度來看，溝通不只是一種技能，更是一種責任。

承上啟下的工具性溝通

某些藥，是為別的藥服務的，它們被叫作「藥引子」；同樣，某些溝通，是為了讓接下來的溝通更順暢，這種做為工具的預備性的溝通，可以叫作「工具性溝通」。在開展實際對話之前，我們有很多準備工作要做；同樣，在對話從淺水區漸漸邁向深水區的過程中，我們也需要建立基本共識、擴充對話時間、調整預設認知以及釋放可能的善意。

及時有效地傳達資訊

為自己贏得表達的時間

——典型錯誤——沒時間？說快點！

我們很多人在傳達資訊時，往往面臨兩個難題：沒機會、沒效率。這其中包含一個共通的重要因素——時間。

人生中有很多這樣的時刻：你想說話，卻發現機會稍縱即逝，不得不在短時間內解決戰鬥。比如在電梯裡遇見上司，或是客戶撥冗給你三分鐘介紹產品的機會，抑或是在女友負氣出走前追上去想連忙解釋誤會……此時，怎樣讓他們願意聽我們講話？怎樣讓他們回應到我們想講的主題呢？

很多人有個毛病，想著既然時間緊迫，那麼當然就要快問快答、長話短說，恨不得像相聲裡「報菜名」那般，連珠炮似的一口氣把事情說完。

但請注意，溝通這件事永遠是雙向的，不是你單方面把事情講完了，任務就結束了。更重要的是，在表達的過程中，聽眾還得能投入，溝通才算成功；否則，說得飛快，只會讓原本能耐心表達的重點變成一股腦的雜訊。一不小心，情況就會變得像早年的瓊瑤連續劇那樣，男主角滿頭大汗地在一旁忙著解釋，只換得女主角捂著耳朵，搖著頭說：「我不聽，我不聽！」

—小訣竅—「買時間」策略

時間既是阻礙溝通最大的絆腳石，也是成就溝通最好的催化劑。所以在溝通中，我們最需要的往往是為自己贏得時間，才能讓人家願意聽我們好好說話。

在此，我們要介紹一個「買時間」的小技巧。

什麼叫「買時間」呢？簡單說，就是在對方不給我們足夠時間說話的時候，先別忙著去埋頭想自己要講什麼，而要先去思考——如何才能讓別人願意花更多的時間聽？

我們得先給自己爭取到時間，才有機會說清楚自己的想法。

比如在面試中，當主考官突然出題：「現在給你一分鐘時間，請你展現一下個人魅力（或其他特質）。」這時候，你會怎麼辦？一分鐘，夠幹什麼呢？唱首歌都不夠，怎麼展現個人魅力？

其實，這就是考驗我們在條件不足的時候，要想辦法創造條件，體現自身的能力。此時我們要做的其實不是展現魅力，而是爭取能夠展現魅力的時間。

如果我們沒什麼可以當場展示的才藝（這幾乎是肯定的），那我們可以這麼說：

「讓我用一分鐘時間展示魅力，這個挺難的，尤其對於我來說。其實工作的時候我是一個沒什麼魅力的人，存在感不強；但不知道為什麼，身邊很多朋友都說跟我相處起來很舒服，一起做事的時候，能讓他們覺得特別安心。也許，這也是一種奇怪的魅力吧！所以，可能會有點超時，但是不知道我可以講幾個這方面的例子嗎。」

這短短幾句話裡包含了三層意思。

第一，製造意外。面試官要求展示魅力，但是做為應聘者來說，你不按常理出牌，直接告訴面試官你幾乎也沒什麼魅力好展示的，至少在這個場合施展不開。

第二，引發好奇。拋給面試官一個疑問：沒什麼魅力，為什麼別人願意跟我一起工作呢？你難道不想知道嗎？

第三，回應主題。當面試官對你所說的「沒有魅力卻受歡迎」這個主題開始感興趣時，你就可以開始講幾個小故事，說明自己是如何春風化雨、潤物無聲，能讓人覺得舒服卻又不顯露自己。即使超時，對方也不會計較，因為我們已經給自己買到了時間。

這樣的智慧，其實古已有之，我們再舉一個例子。

戰國時期，齊國有個公子叫田嬰，準備在自己的封地（薛）築城。但在那個年代，這種行為其實就是在經營自己的私人武裝，很容易引起齊國國君的猜疑。田嬰身邊的門客紛紛勸阻，最後田嬰實在心煩，就放了句狠話，說：「誰再來說這件事，我就殺了誰！」

此時，有個說客就跑來跟他說：「公子啊，關於築城這件事，我只講三個字，多說一個字，你就把我給殺了。」

這就是我們所講的「製造意外」。果然公子一聽，心想：三個字就能說服我，怎麼可能？

好，我倒是要聽聽你想說什麼。

於是說客透過這個動作，就很成功地從那原本「一句話都不想聽」的公子身上，買到了說三個字的機會。

接下來，就是「引發好奇」。於是說客走上前，恭恭敬敬地說了三個字——「海大魚」，說完扭頭就走。這下，輪到公子不幹了！海大魚？什麼意思？事情沒講清楚，怎麼能一走了之呢？追問之下，說客依舊不答，因為一開始說好了只能講三個字，故「鄙臣不敢以死為戲」。

結果，公子只好反過來安撫說客，讓他但說無妨，不會治罪。為什麼？因為說客已經引起了他的好奇心。到了這一步，說客從原本說三個字的機會，又進一步地買到了暢所欲言的時間，而他完整的觀點，也是在等到這個階段後才開始表達。

最後，就是「回應主題」。說客製造了好奇之後，還是得回到主題上來，而且還得講出一番道理，不然對方發現你只是故弄玄虛，恐怕最後還是不會放過你。那麼，「海大魚」到底是什麼意思呢？實際上說客是用比喻的方式告訴田嬰現實狀況——齊國就是你的大海，而你就是這片海裡沒有天敵的大魚。但如果在封地築城這件事上引起了齊王的懷疑，齊國不再庇佑你，那你就會像大魚擱淺在沙灘上，誰都可以欺負你。到時候，城牆築得再高，又能擋得住誰呢？

田嬰一聽有道理，築城這事就再也不提了。

這就是一個運用「買時間」策略的典型案例。製造意外、引發好奇、回應主題，將原本緊迫的溝通機會爭取擴大，讓對方不由自主地想聽下去。

所以，當表達的時間受限時，千萬不要繼續一根筋死板板地按照原本的思路講下去，也不要把話說得跟連珠炮似的，而要首先考慮為自己買時間，讓對方有耐心聽，我們才有可能完整地表達自己的思路。

—使用注意—

首先，這招買時間，只能用於對方不給你時間，而非情勢不給你時間的情況。所以當你衡量現實狀況，發現緊迫的不是人，而是局勢時（譬如失火了），還是要長話短說。

其次，夠膽買時間，你就得有底氣用好買來的時間，不然你成功地引起了關注，最後沒講出什麼東西來，只會失敗得更慘。

常用句型

- 請先給我一分鐘好嗎？保證不耽誤您時間。
- 關於這件事，如果您不給我時間解釋，那就是逼著我說謊話了。

傳遞壞消息的分寸與技巧

——典型錯誤—— 怕被罵，所以言行失當

●這事很複雜，你想知道詳情嗎？

日常生活中，有些人因職責所在，常要負責對別人報告壞消息。比如身為醫生，要向家屬傳達噩耗；身為老師，要向家長傳達小孩不良的品行；身為人力上司，要向被裁掉的員工傳達離職通知……在傳播領域中，我們一般把這類專門負責向他人傳達壞消息的人，稱之為「報喪者」。

好消息來了，我們能興高采烈地四處傳播，這沒什麼問題。但面對壞消息，如何轉述和報告，就相當考驗我們傳遞資訊的水準了。因為儘管錯不在你，「報喪者」卻總是特別容易遭受池魚之殃——畢竟，一般人聽到壞消息的第一反應往往是憤怒、否認，而近在眼前的「報喪者」，往往就成了最好的發洩對象。

報告壞消息的時候，最常見的典型錯誤就是因為要表現出感同身受，反而讓自己受牽連，

成為被指責的對象。以往那些狗血影視劇作品中，有個常見的誤導，那就是醫生向病人報告手術結果的時候，經常演得太過，家屬還什麼都沒說，他就自顧自面色悲戚，一副「這種結果，我實在不能接受」的表情。

然而，這樣就要出問題了。本來你只是來傳達消息的、不承擔任何責任的中立方，可是一旦你表現得過於同情，就容易會給對方一個遷怒於你的情緒出口：「你既然這麼不能接受，當初為什麼不再努力一點。」明明本來不關你的事，卻要因此受牽連。

報告壞消息時的第二個典型錯誤，就是我們經常會混淆「善意」和「愧疚」這兩種情緒。為了表達自己沒有惡意，很多人開口就是「對不起」，換來的卻未必是對方的心平氣和，反而很可能是一句惡狠狠的話：「說對不起有用嗎？你得給我解決！」

我們要明白，很多人都有一種陰暗心理，就是遇到壞事總想找個人負責，誰離得越近誰就越危險，這是大家都共有的人性陰暗面。所以，表達善意的時候如果混雜著愧疚，就容易被人抓住把柄，對方很容易會覺得：如果你沒錯，你在愧疚些什麼呢？本來這事沒你的錯，也都會變成是你的錯

至於第三個典型錯誤，則是有些富有行動力的人，在傳遞壞消息的同時，為了安撫接收方，也為了避免自責，往往會主動出言安慰，甚至出謀劃策，試圖幫對方解決整個問題，卻忽略了這樣做其實很容易有失分寸，並伴隨著極大的風險。

首先，做為傳達消息的中立方，你未必了解事情的前因後果，主動安慰和建議，一個弄不好就畫虎不成反類犬，讓原本就情緒不佳的對方更添憤怒。比如，有些人喜歡自作主張地說類似「沒事啦」「想開點」「這說不定也是好事呢」這些話，可是如果你傳遞的壞消息其實對接收方來說是天大的事，你這麼輕描淡寫、大事化小，對方會怎麼想？

其次，當你主動安慰的時候，就將自己的身分由「不承擔責任的傳達者」轉變成了「要承擔責任的行動方」。試想一下，假如對方聽了你的安慰，過會兒發現心情還是很糟糕，再回來找你，那你是不是還得接著安慰？如果你給對方出了主意，他聽著覺得有道理，再詳細諮詢，你是不是還得幫著他把後續工作做完？畢竟建議可是你提的啊！這其中就算沒有出紕漏，你也得費神勞心，付出不必要的努力；而萬一出了任何問題，責任還得歸你。

本來沒有你的事，主動安慰之後卻多出了一部分你要負責的事，不啻引火焚身。

—小訣竅— 專業、善意與陪伴

在日常生活中，我們常教導大家要有人情味一點，但是在傳遞壞消息的時候，我們更需要展示出的應該是一種中立的姿態，既不過分親熱，又不過分冷漠，才能做到既準確忠實地傳遞消息，又不會進一步刺激到接收方的情緒。

首先，在不過分親熱方面，沒有什麼比專業人士的中立姿態更讓人挑不出毛病的了。所以在醫患溝通準則中，總會提醒醫生一定要注意塑造自己的專業形象，並且盡量在專業的環境裡進行交流。對其他專業人士而言，有制服的，要把制服穿整齊；沒有制服的，服飾、聲音、表情、姿態也都要有專業人士的規範。說話要清楚有力，不要支支吾吾；眼神要直視，不要躲躲閃閃。而這些細節，其實也是在暗示告知方沒有做什麼虧欠被告知方的事情，壞消息不是來自告知方，告知方只是因為職位、身分，才來向被告知方傳達這個消息。

所以，無論是醫生對患者說檢查結果不妙、人力資源對求職者說沒有被錄取，還是銀行職員對客戶說貸款沒辦下來，這些都充分展現出自己的職業特點，都需要經常練習這種專業性，既不拖泥帶水又毫無生硬之感，才是最好的尺度。

其次，我們日常在與人溝通時，經常強調一個概念叫「同理心」。面對壞消息時，當我們懷著善良的、悲天憫人的情懷，正所謂「人同此心、心同此理」，自然而然就會生出一種「我應該多做一點事來幫助你」的心態，慈悲行為就是這麼來的。但其中有一點微妙的差別需要注意，那就是：我們應該表達的是「願意幫助的善意」而非「過失在我的愧疚」。

我們可以試著比較一下這兩句話：

「對不起，這事辦砸了。」

「很遺憾，這事沒成功。」

仔細想想我們就會發現，「遺憾」是因為對方會難過，所以我們從人道主義的角度來看也覺得不開心；「對不起」則是因為這事沒做成我們也有責任。前一句話，對方馬上就可以抓住話柄，說一句：「事到如今，你光說對不起有什麼用？接下來，說說看你要怎麼辦吧。」但後一句話，對方順著語境，話鋒往往很自然地就會變成：「嗚嗚嗚，那現在，我該怎麼辦？」

所以要記住，不論我們有多善解人意，我們都只是來傳達消息的，而不是來道歉的，說句「很遺憾」也就行了，不要上升到愧疚、抱歉這種話。注意這一點情緒上的微妙差別，很多時候就可以避免後續的無盡麻煩。

最後，既然前面不斷強調，當我們做為壞消息的傳遞者的時候，不要過分親熱，那麼，這是不是意味著，報告完不好的消息就應該趕緊走，一刻也不停留呢？

在這裡請大家注意，走當然要走，可是跑得太快，還真有可能會犯錯誤。因為行色匆匆就代表著不尊重，就算我們沒有做錯任何事，單是這個不尊重也足夠把人氣瘋了——「哦，我們家出這麼大事，你就當什麼都沒發生？」

所以，報告壞消息的時候，最好是在一個封閉或者半封閉的空間，而且最好是先跟對方一起坐下來。別著急，要表露出一種態度，那就是：「你一定有很多疑問，你一定覺得這不可能，沒關係，我可以在這裡一直陪你，幫你耐心解答問題。」

可是，有一個關鍵點需要特別注意，那就是之前提到的：可以陪伴，但千萬不要主動安慰。無論是想當然地說一些自以為「體貼」的話，還是用主動的肢體語言，比如握住對方的手或拍拍背來安慰人，抑或是給出所謂「積極的」解決方案，都不可取。要時刻牢記，做為「報喪者」這樣一個天生就不討好的角色，分寸重於一切，任何越界的行為都有可能節外生枝，給雙方都帶來不必要的麻煩。

好比電影《型男飛行日誌》中，由喬治．克隆尼飾演的「解雇專家」就深諳此道，每項業務，他都拒絕使用視頻工具進行遠端解雇，而是堅持親自飛去需要裁員的客戶公司，與被裁員工面對面溝通，但絕不多說一句不該說的話，既從容地盡到了陪伴的義務，又不至於因為貿然給出建議而旁生枝節。

—使用注意—

請注意，這裡談到的「傳遞壞消息」的分寸和技巧有一個適用範圍，那就是這件壞事並非由你造成，你只不過是因為身分、職業使然的一個傳遞管道而已。畢竟，很多時候病人治不好，不是醫生的責任；經濟形勢不好老闆不得已而裁員，負責通知這事的人力資源也只是盡他轉達的職責而已。所以我們才說，要專業而不要同情，要善意而不要愧疚，要陪伴而不要主動安慰。但是如果這事本身就是你的錯，那麼情況就完全不同了。這個時候，你應當做的第一步是先學會如何道歉（請參照〈衝突溝通〉一節中「螞蟻搬大象」式的道歉技巧）。

常用句型

●我來說明一下，這件事情是這樣的……

要表達專業性，首先你的表述要中立客觀，如果可以，最好還能有一點權威感。所以在報告壞消息的時候，要盡量避免說「我覺得」「我認為」，不要支支吾吾，而是要用類似「說明」這樣的詞語，用不帶個人主觀色彩的表述方式，強化你的專業形象。同時也要傳達出免責資訊——這件事不是我造成的，我只是來告訴你它是怎樣的。

●我很遺憾，情況並不樂觀……

說遺憾，意味著你僅僅是出於人道主義而表示出善意，有別於愧疚和抱歉。

●有任何疑問你都可以問我，我會告訴你我所知道的一切資訊。

首先，表示願意解答疑問，是在盡陪伴的義務；同時強調自己說的都是知道的事情，是在暗示自己只是個資訊的傳遞者。如對方問起，知無不言，但也言盡於此了。

破解初次見面的尷尬

——典型錯誤——沒話題？聊隱私

在剛認識的人面前，我們或多或少都會經歷面面相覷、無話可談的社交尷尬症。比如拜訪客戶時，面對等候室裡那位殷勤接待的實習生；出差時，面對主辦方派來接機的工作人員……這種時候，大家萍水相逢，要深聊，實在沒必要；要完全不搭理人家，則彼此面面相覷十幾乃至幾十分鐘，又好像不太禮貌。

像這種短暫的社交尷尬，老一輩的人，往往都是用「探詢隱私」的方式來解決，比方問問「你結婚了嗎」「有沒有對象啊」「小孩多大了啊」。畢竟在過去那個年代，彼此打探打探家庭背景，以示不拿對方當外人，也是一種表露善意的方式。

但在今天這個時代，大家越來越重視個人空間，強調多元生活，你要再想找話題可不能問這些問題了。一來是交淺言深，容易給對方壓力；二來是怕人覺得你別有企圖。

—小訣竅— 聊名字

在沒話找話的情況下，最簡單的一招就是和對方聊聊他（她）的名字。

「您好，初次見面，我叫黃執中，請問您怎麼稱呼？」

「我叫馬薇薇。」

「哦，ㄨㄟ是哪個ㄨㄟ？」

「薔薇的薇。」

「哇，好漂亮的名字，你父母是希望自己的女兒像朵花嗎？」

「是啊，還要有刺呢！」

「哈哈哈，我覺得同樣用花草取名字，用薇薇就比叫什麼蘭啊、芳啊來得更別致，而且將來取英文名也容易。」

「是啊，我的英文名就叫……」

聊名字有幾個好處：

第一，陌生人相遇，一開口永遠是請教姓名。所以既然開了這個頭，不如接下去，也省得額外找話題。

第二，即便再怎麼不了解對方的背景或嗜好，但有一點是永遠不變的，那就是每個人總是對他（她）自己最有興趣。所以跟別人問起名字的寓意、取名的由來，或者聊幾句稱呼或綽號的趣聞，既能表現出你對陌生朋友的重視，又絕不怕冒犯對方。

更何況，與西方姓名動不動就是約翰、湯姆、瑪莉或茱蒂相比，中國人的名字有一個很大的特色，那就是父母給我們取名時，在短短兩三個字中常常融入大量的寓意、典故與期盼。甚至有時候，名字還包括了家族的族譜用字、長幼排序、五行風水。如果我們恰好懂得對方名字裡的典故，幾乎馬上就可以給對方留下不錯的印象。

那要是不懂呢？沒關係，用請教的方式也能聊。尤其一些少見的姓氏或者冷僻字，用在姓名裡，幾乎都能讓對方帶出一段話題。簡言之，只要沿著對方的名字開聊，我們就會發現自己眼前是一個寬廣的天地，從聊名字開始，最後可以變成聊家庭、聊個性、聊人生……

「您好，初次見面，我叫黃執中，請問您怎麼稱呼？」

「我叫邱晨。」

「嗯，早晨的晨，是因為在早上出生的嗎？」

「對啊，我媽媽生完我時，眼見醫院窗外的破曉特別漂亮，所以就取了這個名。」

「感覺挺有朝氣。」
「沒有啦，其實我這個人很頹的。」
「哈哈哈，頹才好啊，我也不喜歡給自己太大壓力……」

─使用注意─

和對方聊名字時，有一點必須切記，那就是千萬不要說出「這個名字很常見」「啊，我認識一個人，也叫這個名」之類的話。因為每個人都會希望自己是獨一無二的，所以除非對方主動提到「我跟那個名人同名，也叫黃磊」之類的話，否則我們都應該避免去稀釋對方的獨特性。

此外，本篇的重點主要是針對那些萍水相逢、沒有打算深交的陌生人之間，用來填補尷尬的社交空白時使用。如果面對的是想要更進一步拉近關係的對象，譬如重要的客戶或心儀的女神，那麼光聊名字反而會因為過於客套而造成距離感，使用時要謹慎。

常用句型

- 您這個名字很少見，別人應該一聽就很難忘吧？老師點名的時候是不是總逃不掉？
- 您父母應該很有文化，才會取這樣的一個寓意深長的名字。
- 哈哈，您這個名字，是不是常被人讀錯？

用聊八卦拉近距離

──典型錯誤── 聊天，完全不能涉及私生活

上文我們談到，聊天的時候涉及隱私是不禮貌的，但是這個原則也不是絕對的，特別是對於那些你比較親近的，或者是想跟對方熱絡起來的人。只要選擇正確的話題和切入角度，聊到私生活反而是拉近距離的一種方式。

這個觀點乍看起來有點奇怪，但是你反過來想想，如果聊天時完全不涉及私生活，對話會是什麼樣的呢？你應該見過那種互相利用只談錢不走心的飯局、各自吹噓抓住一切機會顯擺自

己的聚會、沒話找話客套對客套的場面、無話可說低頭刷手機的場景，這些對話的確都不涉及私生活，可是真的有意思嗎？

當然，志同道合的知音，可以就共同的愛好聊得開心又不涉及隱私，但是這需要雙方都同樣專業而且喜好一致，而這是可遇而不可求的。更糟糕的是，如果圍坐在一起的還有別人，往往完全插不上話，我想你一定也見過飯桌上兩個人聊得熱火朝天，其他人像聽天書一樣昏昏欲睡的情況吧？

所以，從大家身邊的事情出發，談及私生活，也就是俗稱的八卦，雖然聽起來容易冒犯人，但卻是真正跟人打開心扉、拉近距離的必選方式。

只不過，同樣都是聊八卦，很多人的聊天方式就很容易惹人反感、招人討厭。

比如聊到婚姻，很多人會問：「你怎麼還不結婚啊？」這句話十分容易引起他人抵觸，對方內心的聲音一定在說：我憑什麼要結婚啊？你結婚早了不起啊？就算只是問「你有沒有對象啊」這樣的話，在我們這樣的文化環境裡，也容易被當成一種壓力。

同樣的問法還有：「你生孩子沒有啊？你什麼時候生孩子啊？」「你在哪高就啊？什麼職位？待遇好不好啊？」

——小訣竅—— 不給對方施加壓力

既然有時候我們必須涉及私生活才能聊得熱絡，而涉及隱私又容易招人反感，那麼這類問題究竟應該怎麼聊呢？換言之，如何正確地八卦呢？

其實，把剛才說過的這些錯誤倒過來想一想就會發現，不給對方施加壓力是最根本的原則，具體來說，有以下三個注意事項。

注意1：不要索取資訊，而要分享態度

很多時候我們打聽對方資訊，只因為說法不夠講究，以至讓對方感覺到被評價，甚至被歧視。

有人可能會說：「我就是問問你有沒有小孩或工作怎麼樣嘛，知道這些我才能更了解你，才能跟你走得更近啊！」然而事實上，有沒有歧視不是我們自己說了算，而是對方說了算。社會上就是天生有很多鄙視鏈，我們自己心裡得有數。就算自己沒這個意思，別人也可能會覺得是這個意思，這你就百口莫辯了。

其實，很多時候稍微換個說法，就不會給人歧視的誤解了。比如，我們想知道別人有沒有小孩，有的人會這樣問：

「你有孩子嗎？」
「打算什麼時候生呢？」
「小孩多大啦？」

這種單方面索取資訊的問法，給人的感覺不會很舒服，會覺得像是在接受拷問，可以改成分享態度，比如問：

「你喜歡孩子嗎？」
「這年頭當父母啊，真是越來越不容易！」

這類問題就比較不會傷人，因為「喜不喜歡」或「容不容易」只是表達態度，聊起來沒有壓力。且態度這東西，聊著聊著，對方往往就會很自然地變成跟我們分享資訊，比如順便告訴我們：「喜歡是喜歡，不過現在工作太忙，還沒有計畫要小孩。」或者是：「唉，家裡生了兩個，現在累死了！」

此時，你們對話的重點就能從分享態度進階到分享資訊，雙方關係也就更拉近了。

同樣，當以後想問別人「有沒有買房」或「有沒有女朋友」之類的問題時，你也不妨調整一下，改成：「你覺得現在這個時候投資房子可行嗎？」或者：「我覺得女生真是麻煩，有時候還不如一個人呢！」

像這樣，把態度問題拋出去，對方自然就會聊到我們想要知道的資訊。

注意2：拋磚引玉，以自我揭短的方式向對方拋出話題

在我們聊八卦的時候，很多壓力都是來自另一方無意間的炫耀。比如我們想知道對方最近的情感狀況，這樣的問法就是不合適的：

「情人節我男朋友送了我一個新款的包包，我超喜歡！哦，對了，你跟你男朋友最近還好嗎？」

無論對方有沒有收到男朋友的禮物，這樣的問法都會讓人感覺是在炫耀，無形中給對方造成了很大的壓力，對方有可能會帶著敵意，拉開架勢和你比誰的男朋友更好，或是抱持著「你有禮物了不起啊」的心態結束這場對話。

但同樣的話題，如果你以自我揭短的形式問出來，先試試水溫，效果就會好很多。比如：

「我男朋友最近總是加班，相處時間很少，我不開心的時候，他也只會用買個包這種方式哄我。我看你男友對你特別用心，你有什麼相處的訣竅嗎？」

在這裡你先對自我狀態進行否定式陳述，讓對方感受不到壓力。接下來，對方不管是和你聊起她男朋友的貼心舉動，或分享他倆的相處之道，抑或是吐露和諧表象下的真實情況，你都可以了解到對方更多的資訊，關係自然也就拉近了。

同樣方式也可以問工作狀態：「我最近覺得自己的工作沒勁透了，可就是下不了決心換工作。我看你幹得倒是挺起勁兒，你怎麼就能這麼上心啊？」只要我們這樣問，對方一定會跟我們透露那些平常不太會跟人說起的資訊。

這裡的關鍵，是拋磚引玉從自身講起，自我揭露而不是炫耀，同時提出一個開放性的問題，這樣才能自然而然地聊得比較親熱。

注意3：把問題拋給在場的所有人，而不是特意面向某個人

多人聊天時，同一個話題可能是這個人的甜蜜點，也可能是另一個人的禁忌區，想要避免他人的反感，聊天時要盡量把話題拋給更多的人，那些不想接話的人也自然不會感受到太大的壓力。而只要我們提出的問題能夠引起共鳴，總會有人接話茬，大家聊開了，自然就會你一言、我一語，更多的資訊就出來了。比如，我們想了解一下身邊人的婚戀狀況，可以這麼開頭：

「我現在根本不想結婚、不想生小孩，可是父母天天催，你們這些還沒結婚的有沒有想過什麼時候結婚啊？你們是怎麼應對父母催婚的？」

這樣一問，周圍人的婚戀情況基本就清楚了。

總之，聊八卦時應以不給對方壓力為大原則，做到不索要資訊、不炫耀自己、不具體針對，才能既拉近關係，又避免冒犯。

——使用注意——

第二點注意事項「自我揭短」，不是要你說謊話，總不能男朋友明明送了你包包，卻故意裝可憐說沒送，好去套對方的隱私。這種行為，日後一旦被抓到，會留下極壞的風評。

同時，揭短也並不意味著抱怨，它的意思是要你在同一個現實中（比如男朋友送包包）分享出不同的感受面（他也只懂送包包），好讓旁人可以從中發現，自己的生活也是有亮點、能炫耀的（我男朋友雖然沒送包包，但會每天陪我聊天）。

常用句型

- 唉，我現在覺得找工作好像還是要找自己有興趣的最重要，你覺得呢？
- 你喜歡目前的工作嗎？

委婉禮貌地拒絕對方

──典型錯誤──想借錢？借多少？

生活中，要開口跟人借錢固然很難，但坦白說，要開口拒絕熟人向你借錢，其實也一點都不輕鬆。

面對親友的請求，沒有人喜歡借錢出去，但是也沒有人願意因為一點錢就得罪親友。面對那些我們不想傷感情但又不想借錢的親友，該如何拒絕呢？

許多人的第一反應就是問：「你想借多少？」而這是大錯特錯的。

因為首先，你一開始就把話題的焦點放在「借多少」這個問題上，相當於已經錯失了拒絕借錢的機會（對方內心活動很可能是：你如果一開始就不打算借，幹嘛問金額呢？既然問了，就意味著或多或少總能借點唄）；其次，除非你問完之後毫不遲疑地拿出錢包，否則你同時也失去了借錢給對方時原本可以收穫的人情（對方內心活動很可能是：你居然討價還價之後才借給我一個打過折的數目，我就算借到錢也覺得受到了侮辱）。比如我們演示一下：

「馬薇薇啊，最近我手頭有點緊，可不可以先跟你借兩萬？」

「哎呀，我現在手頭也不方便。這樣吧，這裡有兩千元你先拿去用，可以嗎？」

「唉，兩千真的不夠啊。幫幫忙，看在老同學的份兒上，能不能再多借一點？」

「那我看看……」

（對方內心：現在不管你借不借，我都不會領你這個情了）

這種無休無止的、不快樂的糾纏，就成了對話中的主要基調。可見，劈頭就著重「借多少」的應答方式是不對的。畢竟，只要一談起金額，那麼這場談話的主動權就會落到借錢者的身上，對方的每一次討價還價都好像是在質問：

「你捨不捨得借這麼多？」

「你現在手上有多少錢？」
「你覺得我們的交情值多少錢？」

以上這些問題正是我們最難以回答的，說實話錢包吃虧，說謊話良心吃虧，總之都是自己不舒服。甚至在許多情況下，討價還價之後借給對方，還不如乾淨痛快地拒絕，更能維繫雙方關係。

究其根本，這是因為在咱們華人心裡，跟每位親友的感情或多或少地都與某個具體的金額掛鉤。親近點的，願意借的金額會多一點；疏遠點的，願意借的金額會少一些。比如，同學借錢，在我們心裡頂多一千元封頂，不還就算了；親戚借錢，大概可以承受一萬元，多了自己就會心疼，還得日夜擔心人家不還。然而，把這個「情感數額」拿到檯面上說，卻是一件很失禮、很不講情感的事情。

正因為如此，當一個我們實在很不願意借錢的人開口來向我們借錢的時候，往往就意味著我們內心對他認定的那個金額，跟他所自我感覺的金額，壓根兒不是同一個數字。所以，此時一旦你將借錢的重點放在金額上，彼此的關係就已經基本走向破裂。人情變成了討價還價的交易，借錢的雙方會在不好意思的彼此糾纏中商量出一個居中數目，可兩個人都覺得自己虧了，再加上日後我們不甘心地催錢和他不以為意的拖延，這種本來就脆弱的關係早晚會斷裂的。

總之，將重點放到借錢的金額上，是想要拒絕他人借錢的人最容易走入的誤區。

——小訣竅—— 別關心金額，先關心原因

遇到親友借錢，第一步，一定不是先關心「借多少」，而是先關心「為什麼」。唯有這樣，才能把焦點放在對方身上，掌握這場談話的主動權。

其差別在於：對於「借多少」，這個話題是落在我們身上；但對於「為什麼要借」，這話題是落在對方身上。別忘了，借錢時給我們一個合適的理由是對方的義務。而先問原因，一方面顯得咱們重情重義，關心對方的生活；另一方面也把壓力轉嫁到對方的身上，更容易採取下一步的舉動。

此時，對方說出的借錢理由也不外乎兩種：

一是救急，比如說家人生病要借錢救命，這個時候我們的態度往往是能幫就幫。如果對方借錢的數額實在太大，借不了那麼多，或是壓根兒不想陷入無止境的催錢與拖債中，也可以將你認為合適的金額用包個紅包的方式送給對方，而原本是想借錢的親友也不太可能挑你的理，說你不夠意思。

二是免息，比如說對方是因為買房、買車等一切購買行為而借錢，目的是為了省去銀行利

息，把我們當免息並且無限期還款的銀行在用。面對這種理由，一旦開始借錢，基本上以後雙方的關係就是催款關係；不借，反而可能還有一線生機。

當對方說出諸如買房之類的借錢理由時，不要馬上說「買房啊，不借」這樣讓人尷尬的話，而是要進一步以關切的態度來確定對方缺錢的原因，比如：

「買房頭期款不夠啊，理解理解，現在房子的確太貴了。」

千萬不要傻乎乎地直接問對方，憑什麼買超過自己支付能力的房子，這樣顯得很不客氣。只要我們開始感歎房子太貴，跟對方做出同仇敵愾的樣子，對方一定會順勢進一步解釋不是自己非要超前消費，而是丈母娘或者老婆逼的，這就間接幫助我們確定了對方借錢的根本原因及壓力所在，同時也為提出拒絕理由打下了基礎。

探聽清楚原因後，接下來，我們就可根據對方的原因給出一個不借的相似理由，比如：

「我借錢是因為最近想籌畫買房，你看能不能幫我周轉周轉。」

「哎呀，怎麼這麼巧，我恰好最近也在計畫買車，手頭的資金壓力也很大，想幫你也是有心無力啊。」

此時，大家都是為了自己的美好生活在努力攢錢，對方臉皮再厚也不會說「你的美好生活先等等，我的美好生活比較急」吧？

再比如：

「最近老闆承諾的獎金一直沒到位，生活實在有點困難，你能不能幫幫我？」

「啊？你也遇到一樣的問題啊！我們老闆也是一樣，工資都拖著不發，現在的老闆怎麼都這樣啊！」

直接表明與對方遭遇一樣的困境，還可以借勢與對方一起抱怨老闆，情感上也可以下得了臺階。

這個訣竅的巧妙之處在於：當對方以某種原因為理由向你借錢時，對方一定會覺得這個理由本身很有說服力，他人無法拒絕，而用同樣的理由來拒絕對方時，他也同樣沒辦法再接著糾纏，或否定你的理由不重要。

─使用注意─

這一篇的分析比較多，因為在我們在談到如何拒絕親友借錢時，所分享的其實不只是如何說話的技巧，還包括一定程度的人際觀與金錢觀。當然，對於後兩者，人生沒有標準答案，所以僅供參考，有不同看法的朋友大可將本篇重點放在對話目標的挑選上。

另外，希望你做好心理建設，借錢給人從來都不是義務，沒什麼不好意思的。你肯學習好好說話，把拒絕的話說得好聽些，已經是在額外付出了。

常用句型

- 你最近是遇到什麼困難了嗎？
- 我也遇到了一樣的問題，真抱歉沒法幫到你。

衝突時不要尋求結論與解答

與說服、辯論、談判不同的地方在於，在衝突溝通中，我們在意的並不是尋求一個具體的結論或問題的解答，而是藉由衝突的發生宣洩壓抑的情緒、表達自我的感受，以及促進雙方的理解。

換言之，從溝通的角度來看，衝突並不是一個我們需要刻意迴避的問題，而是一個人與人在相處當中必然會產生，且用以表達自我存在感的過程。

人際衝突以「預防」為主

──典型錯誤──意識不到「兩個版本」的存在

日常生活中，有很多看似微小的衝突，由於溝通不良，在日積月累後都有可能成為人與人之間的不定時炸彈。所以，要改善人際關係，最重要的不應是後知後覺地彌補，而是要針對衝突產生的機制進行預防。要弄清楚，那些看似微小的衝突到底是怎麼產生的，又是因為什麼原因而沒能現場解決，從而積累成了人與人之間關係的裂痕。

這往往是因為，我們意識不到一件事情存在「兩個版本」。

什麼叫「兩個版本」？就是我們每個人在面對同一件事的時候，內心都有一個專屬於自己角度的版本。在我們自己所編寫的版本中，所有的行為都是有原因、有苦衷的；而所有外在的、來自他人的反彈與質疑，對我們來說都是缺乏體諒的、胡說八道的，甚至是挑釁的。

舉個例子，大家就明白了。

小明和大牛是一對同寢室的室友，小明習慣早睡，而大牛卻是個夜貓子，常常開著燈到三更半夜。為此，兩人總是鬧得不愉快。此時，在小明內心的版本裡，大牛晚睡只不過是在打電玩，沒幹什麼正經事；而自己早睡早起，則是為了養精蓄銳，做好第二天的課業。所以這件事，不光是生活習慣的差異，更意味著大牛這個人太懶散、太貪玩，既沒有教養也不懂得尊重別人。

但在大牛內心的版本裡，自己晚睡主要是因為白天壓力大，才想趁著晚上打打電玩放鬆一下，更何況自己有時候是在溫習功課；而小明每天一大早起床都會吵到自己，他都忍了，可對方現在卻得寸進尺，連自己的睡覺時間都要管。所以大牛認為這件事不僅是生活習慣的差異，更意味著小明嬌生慣養，還干涉別人生活，是小題大做且惡人先告狀。

當小明在訴說那個屬於自己的版本時，他會覺得自己是在忍無可忍之後才理直氣壯地提出抗議；而大牛在聽到小明的版本後，則會覺得小明不但惡人先告狀，而且還「扭曲事實」冤枉人。於是，衝突愈演愈烈，此時兩人的糾紛早已不是生活習慣的摩擦，而上升到人品和是非的矛盾了！

這就是「兩個版本」的陷阱在人與人溝通中產生矛盾的主要原因。雖然我們在溝通時都會強調「我對事不對人」，但在每個人的心中，對於事實都有一套屬於自己的版本。所以，我們就要了解，所有的溝通事實上都是在「對人不對事」。在溝通中，我們對於事實的每一個陳述，都是在以某種形式攻擊那個擁有不同版本的人。

囿於情緒和認知的不完全，我們往往意識不到「兩個版本」的存在，而都誤以為是對方不講道理。這時候，衝突就不可避免地存留下來甚至爆發出來。

─小訣竅─「感受的預防針」

既然認識到了「兩個版本」的問題，我們就要努力去拆除這個陷阱，而最簡單的方式就是打一劑「感受的預防針」。比如，當你想要宣洩情緒、表達不滿之前，試著先做一些這樣的鋪墊：

「抱歉，這或許未必是事實，但我難免會有這種感覺。」

「抱歉，這或許未必是事實，但我難免會覺得你這樣做是對我的一種不尊重。」

「抱歉，我知道你希望我早睡，不是故意要干涉我的生活，但我總忍不住會有這種感覺。」

之所以用「感受的預防針」來為之命名，就像為了抵抗疾病，小孩需要打預防針一樣，面對某些敏感的溝通，我們也會需要預防針。而這句話的妙處在於，它預先向對方說明「我接下來要講的僅僅只是我的感受而已」，也就等於是在暗示說「我講的有可能不是客觀事實」，從而大大降低了會給對方帶來的被冒犯和被攻擊的感覺。

緊接著，你會發現溝通的重點發生了奇妙的轉化：你在意的重點是說出後一句「我有什麼感覺」，而對方在意的重點則是前一句「這或許不是事實」。把「預防針」用在上面的例子中，事情就會變成這樣：

原本，小明會對大牛說：「你晚上不睡覺，還不是因為貪玩！」

現在，小明會這麼說：「抱歉，這或許不是事實，但我難免會覺得你晚上不睡覺只是因為貪玩。」

原來的說法會在一秒鐘點燃大牛的怒火，然後大牛用暴跳如雷或反唇相譏引爆矛盾；而現在的說法則會在表達立場之餘，也留給大牛述說與解釋的空間。如此一來，對話就能持續，兩人的溝通也會立刻舒緩很多。

所以，「感受的預防針」的好處正在於，預先照顧到容易被引爆的情緒，從而讓理性的溝通有了接下來延展的空間。從「對人不對事」切入，最終達到「對事不對人」的溝通效果。

—使用注意—

「感受的預防針」的用途，是讓我們在表達自己的感受時，不至於讓對方過度防衛而引發不必要的反彈。但打這種預防針的目的並不是要我們隱藏自己的感受，所以，在使用時也一定要注意將後半段清楚、直白地表達出來；否則，雖然沒有爆發矛盾，但問題也無法得到溝通。

常用句型

- **抱歉，這或許未必是事實，但我難免會有這種感覺……**

預先承認這只是自己的主觀感受，減輕對方被否定和被攻擊的感覺，讓對話能理性、平和地進行下去。

●你知道我這個人其實有點作（敏感或容易受傷），不過我確實感覺到……

這是變形版「感受的預防針」。當你在指責他人之前，除了承認這只是自己的感受外，更要試著用自己的一些缺點拿來給對方「陪綁」。這樣鋪墊之後，他也更容易心平氣和地聽進去你的批評建議——畢竟你都已經先自承其錯了嘛。

怎樣說話不得罪人

——典型錯誤——我又沒說啥，你幹嘛生氣？

說話這件事，應用面很廣，在日常人際交往中最核心的影響就是，它會決定你的人緣。很多人羨慕那些會說話的人，其實，也就是羨慕他們能說會道帶來的好人緣。相反，所謂不會說話，最重要的標誌就是容易一不小心得罪人，三言兩語就讓旁人心裡不舒服。

你可能會覺得「說話討厭」都是別人的事，跟你無關。可是你想想，大多數人其實都很看重人緣，平時在生活中自然也會時時注意自己的表達，避免口不擇言、開罪他人的情況發生。然而為什麼總有那麼多人做不到這一點呢？為什麼你質問他們為什麼不好好說話的時候，他們總會委屈地說：我明明沒說什麼啊，怎麼就把別人給得罪了呢？

其實，得罪人有顯性和隱性兩種。未必非得起了正面衝突、口出惡言才會得罪人，很多時候，我們即便心裡並沒有什麼惡意，但表達上和思路上出了問題，還是會讓人覺得不舒坦。

更麻煩的是，在後一種情況下，對方也知道你不是有意的，所以那些埋藏在話語間、隱隱約約的不舒坦，還不好跟你一一攤開來計較，以致他心裡疙疙瘩瘩，變得更加不舒坦，只好對你敬而遠之。

從心理學的角度講，有三種暗示最容易讓人覺得不舒服：

暗示1：想表示關心，在別人聽起來卻是指手畫腳

我們在生活中經常聽到這樣的說法：「你這人怎麼這樣啊？」「你屋裡怎麼這麼亂啊？」這就叫評頭論足、指手畫腳。也許你只是想關心一下人家，但每個人都是獨立的個體，你突然跳出來說了這麼一句話，彷彿是評斷別人的法官一樣，這就讓人不舒服了。

也許你會說，這是在指手畫腳地批評人，我當然知道要避免。可是你知道嗎？即使你本來是想表示關心，甚至是要誇獎別人，如果採用了這樣的說話方式也會讓人不開心。例如，你的同事因為工作出色拿到公司的獎金，你稱讚一句「真棒！恭喜你」這是沒問題的；可是如果你煞有介事地過去拍拍他的肩膀，用評價的口吻贊許地說：「做得不錯。」甚至還要發表一些對

其工作的點評和建議，你不覺得哪裡怪怪的？

歸根到底，當你指手畫腳地評判他人的時候，無論評價是正面還是負面的，傳遞給他人的潛臺詞都是「我處在比你高的地位」。在與人平等溝通時這麼做，當然就會得罪人了。

暗示2：想表示安慰，在別人聽起來反而是漠不關心

不關心，就是不尊重；不尊重，當然就會得罪人。而這裡最大的錯誤在於，有些我們脫口而出的看似安慰的話，常常會起到反作用，反而讓對方覺得我們對他是漠不關心的。比如人家遇到困難時，我們常會說：「人生就是這樣，有時候做事情就是會出錯。」「沒事的，我是過來人，這都是小事。」

類似這種「降低事情重要性」的句型，我們說起來，會以為這是在安慰人家看開點，但聽在當事人耳裡，往往更像是站著說話不腰疼的風涼話。因為所謂「看開點」只能他自己說，你不能幫他做決定。這樣，在你完全沒意識到的情況下，就會讓人覺得不爽。

又比如，剛剛組建一個團隊，新加入的成員剛入門沒經驗，常會犯些低級錯誤。此時，有些缺乏經驗的團隊上司為表示善意，通常就會說：「這很正常，大家開始的時候都這樣。」

這句話確實沒錯，但就是溫度有點低，因為你這種口吻，在試圖削弱問題嚴重性的同時，也否定了新員工的獨特性和他們之前工作的重要性，類似於「你們活該這麼笨嘛，我對你們也

沒什麼指望，所以別在意」。這種說法，會讓團隊成員覺得你看他們就像是看一窩螞蟻，每只都長得差不多，怎麼努力都差不多，自然容易感到一種漠不關心。

暗示3：想表示委婉禮貌，別人聽起來卻是暗藏心機

回想一下，當一個人對你說話暗藏心機的時候，你會有什麼感覺？肯定會覺得哪裡不太舒服。因為，此時我們不知道對方想讓我們做什麼，但總覺得自己在被別人利用，當然會有一種不爽的感覺了。比如有些人在微信上留言，喜歡說兩個特別討厭的字——「在嗎」；有些人求人辦事，喜歡說一句特別討厭的話——「你什麼時候有空啊？」我相信大多數人看到這樣的留言、聽到這樣的提問都會覺得頭皮發麻，實在不想搭理。

當然我們也理解，會這樣說話的人應該也是怕打擾到對方，所以先明確一下是否方便說話。然而你要知道，對方一旦明確對你表示有空，就意味著很難拒絕你的要求，這其實是有點綁架成分的。所以，你明明是想要禮貌地求人幫忙，最後卻變成了他人心中的別有用心，長此以往，你的人緣當然也好不了了。

──小訣竅── 焦點放在「人」身上

首先，當你想要評判他人的時候，沒必要非得用那種指手畫腳的評價式表述，不妨試著以自己的感受為出發點。

比如，「你這人怎麼這樣啊」是一個會讓人不舒服的評判，所以在說的時候，如果改成描述自己的感受：「你這樣，讓我很難做。」聽起來就會好很多。

原因在於，前者是對他人居高臨下的評斷，在人際交往中是一種「越界」；而後者只是對自身感受的表達。平輩論交，我們無權評判他人，但當然有權表達自我。於是，在意思一樣的情況下，我們就巧妙地把評價別人轉換成陳述自己的狀態，既說明了問題，又不至於得罪人。同樣，在剛才提到的那個祝賀同事的例子裡，你完全可以不去評論人家，而是拿自己來說事：「真棒！我要是像你這麼有才就好了！」你看，這樣既表示了祝賀，又避免了評價。順便說一句，明白了這個道理，你又何必搜腸刮肚去尋找既「高大上」（高端、大器、上檔次）又貼切的詞語去誇讚對方的長處，還怕別人覺得你不懂裝懂，或者是覺得你在對他指手畫腳、妄加評論呢？

另外，在戀愛中，很多懂得如何撒嬌的女生，從來不會去指手畫腳地評價伴侶「把男朋友當成你這樣真是夠了」，而是直接從「我」出發，說「你這樣做真的讓我很受傷」。同一件事，前者讓人不快，後者卻讓人憐惜。

其次，要怎麼避免給人留下漠不關心的印象呢？那就是在安慰的時候，最好強調人，用「這件事對你真可惜，但你的付出，我都知道」來取代「別難過，這件事根本不重要」。

比如，你與其表示：「沒事的，我是過來人，這都是小事！」還不如說：「唉，我知道你花了很多時間和心血，結果變成這樣，真是非常可惜。」

又比如，在之前提到的新員工犯錯的例子中，團隊領導者可以說：「大家辛苦了，你們有多努力我是看在眼裡的，這個階段本來就很容易出現問題，我當年剛來公司時，表現還不如你們呢。」

同樣是場面話，這種表達聽起來就比較熱絡，因為它以「你」為重，突出了個體差異性（我當年剛來公司還不如你們），就不再顯得那麼漠不關心了。這雖然只是說話技術上的一小步，但卻是我們能否擁有好人緣的一大步。

最後，當我們想求他人辦事的時候，其實最需要的就是第一時間把要求說清楚，這是一個思路上常常被忽略的要點。人和人之間少不了相互幫忙，可是得大大方方地說出來，我們才好確定這個人情該不該給，而不是被偷偷摸摸地當傻子利用。

當你問別人「你什麼時候有空」的時候，有沒有想過，人家如果幫你，難道僅僅是因為他有空嗎？有空的時候他能幹的事情多了去了；反過來想，就算沒有空，也不意味著他不願意為了你變得有空。

所以，求人辦事就要一股腦地把想辦什麼事、有什麼地方需要幫忙、事情的來龍去脈是什麼、哪些方面是有顧慮的、有沒有什麼實際的好處等事先想明白、跟人說清楚，才算是盡到了求人幫忙的義務。退一萬步講，你先漫天要價，人家也能坐地還錢，你一句話不說先來一句「在嗎」，又不說清楚什麼事情，對方反而不願意跟你溝通，還隱隱覺得有種差點被你套住的不舒服感。

—使用注意—

看完這篇，有些人或許會覺得太麻煩了，為什麼只不過是說句話還要顧慮這麼多？更何況，只要我是無心的，那麼有些話就算對方聽完不開心，那也只能怪他玻璃心。

但溝通這件事，本就是一個點點滴滴、不厭精細的過程。那些說起話來讓我們覺得舒服的人，並不是因為他們口才特別好，說了什麼特別讓人開心的話，而是因為他們能預知每個可能的棱角，並且預先進行了包裝或改造。

因此，「好口才」其實都是來自「好用心」。至於那些懶得用心的人，在撞碎別人玻璃心的同時也被玻璃割得滿身傷，這就實在怪不了人啦！

常用句型

●你這樣做讓我……

當你想表達對他人意見的時候，不要評價他人的行為，而只敘述對自己的影響。用這樣的句式不容易讓人感覺到冒犯，因為你只是在表達自己的感受而已。

●我認為你做得真的很好，只不過這件事情……

在否定事情的嚴重性之前，先單獨表達對你要安慰、關心的對象的重視和肯定，這樣就不容易讓人覺得你名則關懷、實則漠然了。

●你好，我有件事情想找你幫忙，事情是這樣的……打擾了！

直接說你想求人的事情，將判斷的權利留給對方，是最節省別人時間的方法。如果要表達禮貌，只需要在最後補上適當的禮貌用語即可。

承認自身情緒，引導他人情緒

很多人以為，溝通就是「講道理」，其實能溝通的遠遠不止道理，情緒反而才是溝通時要處理的主要內容。又有人認為，所謂情緒溝通，就是要讓自己或者他人的心情變好，其實沒這麼簡單。情緒是我們性格的一部分，它沒有所謂的「好」或「壞」。情緒溝通，也不是要強行壓制一方推崇另一方，而是要在溝通中察覺到自己正處於什麼樣的情緒、勇於面對自己所處的情緒，並知道如何釋放自己的情緒。

如何面對自己的情緒

——典型錯誤—— 有情緒？我否認！

人人都有情緒，也都有宣洩情緒的欲望和衝動。但很奇妙的是，在我們的傳統教育中，卻往往傾向於貶低「情緒」的價值。似乎「有情緒」就代表著不理性，所以是不應該的、低能的、缺乏自控力的表現，需要盡快被當事人克制或者擺脫。

而與之相對的則是我們推崇淡定，強調內斂，讚美喜怒不形於色，我們有太多形容詞是專門讚美那些隱藏情緒的表現。

最典型的影響就是，直到今天，每當遇到小孩哭泣的時候，大人的反應依舊不外乎兩種：一是「禁」，二是「哄」：

「不能哭，你是男生，不能隨便哭哦！」

「乖，別哭別哭，好啦，沒什麼大不了的，別哭了……」

這兩種反應，前者是要求小孩應該克制情緒；後者是要求小孩盡快擺脫情緒。但是這種克制和逃避的訓練，往往只會讓當事人在陷入情緒後，也同時對自己「有情緒」這個事實產生自厭心理。而努力壓抑的結果，或者是莫名其妙的冷漠，或者是毫無徵兆的爆發，這對人際關係的建構是極為不利的。

因此，與其說是情緒讓人變得難以預測，倒不如說是因為缺乏面對情緒的溝通方式，才讓人變得不可理喻。

很多人都以為，承認自己有情緒是一件丟臉的事情。然而，一旦我們否認自己處於情緒之中，甚至將別人問起「你是不是正在情緒中」的行為當成一種指控，則整個溝通過程就會因此掉進一個更大的旋渦。

比如在生活中，我們常會遇到這種對話：

「你別急，冷靜一點！」

「我哪兒急了？我很冷靜！你才急呢！你全家都急了！」

「你生氣了嗎？」

「我沒有生氣！」

「那你為什麼不開心？」

「我沒有不開心！」

「那你說你現在是怎麼回事？」

「你管我是怎麼回事！我就是沒有生氣、沒有不開心！」

可見，面對情緒時，越否認，越深陷，就越是狠狠關上了所有可能的溝通大門。

──小訣竅── 情緒的反應要可預測

首先，一個正常人的情緒應該是有階段的，從不生氣、有點生氣、很生氣到生氣爆了的這個過程，應該是像綠燈、黃燈、紅燈一樣循序漸進的。

相反，唯有那些慣於否認情緒的人，才會在忍無可忍的時候突然爆發，從綠燈一下跳到紅燈，讓旁人不知所措，也就是俗稱的「翻臉像翻書一樣」。

所以，情緒溝通的第一步就是察覺情緒、小幅釋放、提前預告。

比如，別人跟你開玩笑，你覺得被冒犯了，你可以平靜地地跟對方說：

「這個笑話讓我不太舒服哦，你們再這樣說，我可要生氣嘍。」

這種說法就稱為「預告」，意思是讓大家知道你已經進入「黃燈區」，有點不開心了，請別再繼續了。

但請注意，當你說出這句「你們再這樣說，我可要生氣嘍」的時候，你有沒有生氣？還沒有，對不對？所以，如果對方就此停止玩笑，你就應該能夠恢復綠燈，當做沒事，大家重新談笑。

相反，那些不懂預告的人，面對玩笑總是一聲不吭、忍了又忍，直到終於忍不住發出類似警告時，他其實已經生氣了！情況則往往就會變成這樣：

「這個笑話讓我很不舒服，你們再這樣說，我可要生氣啦。」

「好，那……對不起嘛。」

「對不起有用嗎？知道對不起你還說！」

你看，懂得察覺情緒、小幅度釋放、提前預告的人，與他溝通就會是可預測的、可挽回的，因而也會讓周遭人覺得跟他溝通是有意義的。

其次，處於情緒中的你，要勇於坦白說出自己的需要。

要知道，情緒不好需要體諒，和身體不好需要照顧一樣，本質上都是同一回事。但身體不好需要人照顧，你要直說，不能強行說自己很健康，指望別人發現你不對勁的時候再來關懷你。情緒不好也一樣，明明是心情不好想讓別人照顧，非要說自己沒事，那就難怪會有矛盾了。

所以，千萬不要把自己的情緒包裝成別的東西，要直接說出來。別擔心，其實人可以接受理性的需求，也可以接受非理性的需求，但是你如果想把非理性的需求包裝成理性的需求，反而會有很多人接受不了。說白了，你講道理，人家當然尊重；但是你明說你現在不想講道理，人家也可以體諒；最討厭的就是你明明不想講道理，卻非要包裝成你是在講道理的樣子。

這個時候，你倒不如直說自己有情緒，說得越坦誠、需求越具體，對方就越會照顧我們的情緒。來看兩個案例：

「我生氣了，很不開心，你別回嘴，讓我罵一下！」

這句話就是坦誠情緒，而且提出了非常明白的訴求：「我要罵你一頓發洩一下」。對方會覺得你雖然發脾氣，但後果可以預測，所以就算後面的話說得重了點，也不會太有心理負擔。而且話已經說明白了，我沒在講道理，你要是還堅持和我講道理，就是你不講道理了。當然，如果你覺得這句話有撒嬌的味道，只適合女生，我們還有一個適合男生的霸氣版本：

「我正在氣頭上，不想聽什麼大道理，就算是天大的事，也等我消了氣再說！」

這句話是挑明「不想聽你解釋」，所以就算我有什麼地方錯怪了、誤會了，也先別來跟我分辯對錯，請等我把情緒調整好了再說。此時，由於你的訴求明確，所以當對方知道「你不是不講道理，只是現在不想講道理」的時候，就能更放心地看待眼前的衝突。

總之，坦白說出自己的需要，會讓其他人更能預測你的行為，從而不會產生排斥心理。雙方明確了事情會走到哪一步，就可以和和氣氣地處理情緒問題，而不會真的傷了感情。畢竟誰都有需要宣洩情緒的時候，互相忍一下，其實也就過去了。

—使用注意—

看完本篇，或許有些人會覺得，哪有那麼容易，這裡頭說的未免也太理想化了，畢竟很多時候，我想發洩情緒，但別人就是不讓啊！

對此，你要知道，情緒溝通是要慢慢建立信任度的。如果你每次說出「我現在想發洩一下」後，大家只要配合，等你情緒過了，就能恢復正常，並對朋友之前的包容表示感激，那麼久而久之，旁人就會相信你是個雖有情緒，卻能自控的人。

相反，如果你每次想發洩卻又不說，或是說了卻又不說明白，抑或是說明白了卻又變來變去，那麼久而久之，既然你的情緒反應不可預測，大家自然也就懶得配合。

常用句型

- 這個笑話一點都不好笑，再這樣我可要生氣啦。
- 我不開心，我需要聽你說一些好話！
- 我現在正在氣頭上，不想聽什麼大道理，就算是天大的事也等我消了氣再說！

妥善應對別人的情緒

怎樣面對他人的暴怒

—難題— 如何「合理引導別人」？

我們一生都在使出渾身解數避免和別人衝突，但是總會有那麼幾次，或許是人家心情不好，或許是自己的確有錯，髒話和羞辱劈頭蓋臉地朝我們襲來。這樣尷尬的經歷每個人都難免要經歷幾次，那感覺一定刻骨銘心。尤其對於新入職場的年輕人，被老闆或者上級當眾批評，一定是大家共同的噩夢。

迷思1：掙扎

所謂掙扎，就是解釋或反駁。人在被「噴」（嗆）的時候，不論自己是對是錯，都有想解釋或回噴的衝動。但是，我們一定要知道，反抗只會引起戰事升級，因為，在氣頭上的人本能就是反抗。所以，我們越掙扎，對方越急眼。原本對方可能只是挑個刺兒，因為我們掙扎，可能對方轉眼間就開始攻擊我們的能力甚至人格了。

迷思2：閉嘴

有些人教我們在面對他人的怒氣時應該調整心態，做雲淡風輕狀，這種觀點其實是在教我們回家後怎麼處理自己的情緒，但卻迴避掉了最棘手的問題——現場怎麼辦？事實上，在現場像木頭一樣站著，一言不發而且不給出任何回饋，只會顯得笨拙，甚至被理解為無言的抗議。

迷思3：「你先冷靜一下」

這句話不僅在職場溝通中是大忌，在感情溝通中也是個殺傷力極強的大殺器。叫對方先冷靜一下，基本等於是在說，人家剛才的發言都是在情緒不穩定的情況下說的，都是廢話，而這豈不是火上澆油？叫對方冷靜，或者指出對方情緒不是太穩定，其實是在藉由情緒來否定對方的指責，一定會引起對方更大的反彈。

——小訣竅——隔離、同理與攔截

給自己做心理隔離

在與別人溝通之前，先要保證自己的狀態。所謂給自己做心理隔離，就是自己跟自己進行理性對話，以達到心理隔離的狀態。如果因為對方的暴怒，自己也開始生氣，十有八九會讓對方的憤怒升級。所以，我們應該透過分析，洞察對方真正的壓力點，把自己跟情緒的旋渦隔離開來。

在職場中，每個人都有可能遇見難纏的客戶。有些客戶在會上就會對我們大發雷霆，客戶的這種歇斯底里有時甚至讓人覺得莫名其妙、十分生氣。不過，專業的職場人士，卻能夠成功地將這種被動局面轉為自己的主動戰場。

比如，在客戶喋喋不休的時候，你可以嘗試著把全部注意力都用來尋找客戶話語中的高頻詞彙，很快你就會發現這位發脾氣的客戶之所以情緒上湧的真實原因。很多時候，客戶發脾氣其實是醉翁之意不在酒，如果你發現在對方的話語裡跟錢有關的詞語經常出現，比如「專案不值這個價」「我寧願毀約也不會付款的」等，你就知道接下來應該怎麼談了。

透過這樣的觀察和思考過程，我們不僅能看到客戶的真實訴求，更重要的是，我們能夠把沖自己發火的客戶當成實驗室裡的研究對象，至少先不讓自己著急上火。用理性處理負面情緒，把自己的感性和負面情緒隔離開來，從而始終保持冷靜。

這麼做還有另外一個好處，就是在外人看來，這位職場人士居然可以在對方如此失控時顯得如此專注。這就是「給自己做心理隔離」的優勢。

使用同理心句型

同理心句型，就是透過重述對方的現狀，來讓對方知道我們可以看到並理解他的情緒，從而達到疏導情緒的目的。我們不是去肯定對方發脾氣的內容，因為氣頭上的人是非理性的，很多說法未必代表他的真實所想。比如，當他大吼：「你這個沒用的傢伙，不如去死吧！」你不可能一味附和「好啊好啊，去啊去啊」吧？我們需要簡單重述讓對方發火的事情，讓他知道，他的憤怒是可以理解的。一位學員給我們講過發生在他身上的一個故事。

一次，因為臨時外派，他將給客戶上傳的資料委託給了另外一名同事，但是那位同事因故忘記。經理知道後很生氣，對他發火說：「你怎麼能這樣呢？這太不負責任啦。」這個時候，如果他說：「啊？我已經交給〇〇了，不關我事啊！」「今天情況特殊，我委託的同事……」結果可想而知。這位學員真正應該說的是：「是的，經理，你完全有理由對我生氣，讓客戶能準時得到我們的產品是我的責任，也是公司的生命線，現在發生了這樣的事情，你一定很失望，換作任何一個人都會很生氣。」

在這裡，其實這位學員並沒有認錯，他只是態度誠懇地用自己的話重述了一下引發經理生氣的事情。面對一個憤怒的人，正確的姿態永遠不是站在對立面，而應站在同一邊。因為憤怒往往來自無助與無奈，所以，讓發怒的人逐漸平息怒火，關鍵是讓他多一個隊友、少一個對手。

攔截人身攻擊

一般來說，使用同理心句型疏導對方的情緒後，對方的怒氣值應該能下降到無害的程度了；接下來，我們就可以藉口尋找解決方案，退出風暴中心了。但是，如果對方還是不依不饒，甚至說些傷人至深的話，我們當然也不能坐等唾面自乾，而是必須攔截對方的人身攻擊。

憤怒的人會口不擇言，一般情況下我們用心理隔離的方式避免捲入即可，但是有些話，我們不能選擇聽而不聞。比如涉及性別歧視、地域歧視、人格侮辱的話，哪怕是老闆講的，也很不應該。但是，回擊會讓戰事升級，不回擊又是對自己和別人的不公平，這時候，我們就應該拿出我們的攔截話術——「我有不同意見，不過這不是重點。」

對方說了很過火的話時，我們可以先皺皺眉頭，向對方傳遞一個信號——你惹到我了；然後堅定、清晰且不卑不亢地說：「關於這一點，我覺得你不應該這麼說，不過這不是重點，我們還是來研究一下問題的解決方案吧。」

在這種情境中，你先是清晰地用身體語言傳遞出你的不快，然後再講出自己的不同意見，並且沒有透露出任何你為什麼不同意的原因，從而避免了讓對方怒氣升級的緣由。最後，你用無可挑剔的態度，把對話導向了話題的重點，從而避免了對罵的可能，表現出自己的專業性。這裡要注意的是，我們表達出的不快要注意限度，不能是那種受了傷的難過，畢竟，我們不能輕易讓人知道什麼話能傷到你。

對待惡劣的人身攻擊，我們要攔截而不是回擊。當然，這種方法並不是萬能的，我們可能會遇到脾氣惡劣又十分頑固的對手，怎樣都不肯放過我們；我們也可能不小心把這種方法用到了錯誤的場景，從而被對方當成是在轉移焦點。不過這不是重點，重點是我們了解到，即便在最緊張的對抗性對話裡，我們也依然有好好說話的可能。

——使用注意——

在面對他人宣洩情緒的時候，自己的態度尤為重要。同樣的內容、同樣的語句，用不同的口吻說出來可能就會有不同的效果。所以，在面臨羞辱的尷尬時，一定要把握好自己的語氣、態度，切不可讓別人產生誤會。如果你讓人家把冷靜當做冷漠、把同理心當做嘲諷、把攔截當做示弱，那可就適得其反了。

常用句型

●我很理解您，換作任何一個人恐怕都會生氣。和他站在同一邊，不要產生分歧。

●我有不同意見（或「我覺得你不應該這麼說，不過這不是重點」）。不卑不亢，將話題引入尋求解決方案。

「螞蟻搬大象式的道歉」

──典型錯誤──這事和我沒關係

人生在世，難免犯錯，犯錯之後當然要道歉。然而很多人不知道，道歉除了真誠之外，其實也非常需要技巧。

之前曾喧鬧一時的伴娘風波，當事人知名演員包貝爾出來道歉，但他的道歉效果如何呢？事實上，大多數網友對於當時那則道歉反應相當負面，普遍覺得包貝爾沒誠意，因此在道歉之後，事件非但沒有平息，反而引來了更多的指責。

包貝爾的道歉為什麼不被接受呢？因為道歉時，有兩個常見的誤區，而這兩條紅線絕對不能踩。

第一條紅線是「試圖淡化」，說事情的結果並沒有那麼糟。比如在這則道歉中，包貝爾是這麼說的：「對不起大家，婚禮的小片段引起了這麼大風波，只是一個玩笑不知道會鬧這麼大，這麼多公關大號、行銷大號同時指責我，讓我覺得這個玩笑真的開得特別過分。」此時，也許他的重點是那句「對不起大家」，但所有人的注意力卻都會放在那句「婚禮的小片段」或「只是一個玩笑」，認為他是在刻意輕描淡寫，顯得毫無誠意。

第二條紅線是試圖撇清，說自己要負的責任並沒有那麼大。比如對於那個把伴娘拋下水的玩笑，包貝爾的說法是：「沒有任何一個人想要傷害她們、給她們難堪，更沒有不尊重她們。可是這些內容傳到網上後卻被誤讀擴散，並被貼上惡俗陋習的標籤，被攻擊、被謾罵！」

此時，也許包貝爾的動機確實只是想訴訴苦，吐露一點自己的委屈，但聽在旁人耳中，卻會覺得他是在強調：「大家都搞錯啦，其實我們沒有欺負柳岩啊，事情之所以會搞成這樣，都是因為大家的『誤讀』與『擴散』，都是因為大家給我貼了『標籤』，才會害我被罵啊。」像這種道歉，只會讓人越聽越生氣——明明是你在道歉，敢情原來你覺得這事其實是怪我嘍？

或許你會問，道歉嘛，不是誠心誠意就夠了嗎？為什麼還要花這麼多心眼兒？請注意，道歉時，你所面對的本來是一群餘怒未消且虎視眈眈的聽眾，所以只要在話語間稍不小心，踩到了上述兩條紅線，那麼在別人的眼中，這就不是「道歉」，而是「辯解」，甚至是在指責大家不應該對你有那些負面的評價。這樣一來，大家當然就會以最有敵意的方式解讀，然後對你展開更加吹毛求疵的攻擊。

—小訣竅— 螞蟻搬大象

什麼叫「螞蟻搬大象」？就是在道歉的時候，你要盡可能地把責任往自己身上攬，甚至包攬到一個誇張的地步，這時候，那些原本帶有敵意想要指責你的人，不但很難繼續落井下石，甚至很有可能反過頭來勸上你兩句。為什麼會這樣呢？

你想像一下，有只小螞蟻，想搬一頭大象，搬不動，結果被人責怪。這時，如果螞蟻說：

「這搬不動大象不是我的錯，要怪，都要怪那大象太重了，不能怪我，而且，你換了別的螞蟻，恐怕它也搬不動，為什麼罵我？」

雖然老實講，螞蟻說的沒錯，但牠這種態度，往往只會讓人眉頭一皺，覺得螞蟻在推卸責任。但如果這時候，螞蟻的說法是：

「對不起，搬不動這頭大象全是我的錯，全要怪我，都是我個人準備不足、努力不夠，我會反省，我很愧疚。」

這時候大家一聽會怎麼反應？通常，大家反過來會安慰螞蟻，說：「哎呀，你怎麼能這麼說呢，你也不看看這頭大象多麼大，怎麼可能是你一隻螞蟻能搬得動的呢？你太過苛責自己啦！即使要怪也不能全怪你，那些當初逼你去搬大象的人也要檢討才行啊！」

懂了嗎？道歉的時候，你所背負的責任就是那頭大象，而你自己就是那只搬大象的螞蟻。此時，你要給人一種印象，就是「你這只小螞蟻，在很努力地想要背負起搬動大象的責任」；同時，你本人居然也「發自內心地覺得搬不動大象都是自己的錯」。這樣反而會使別人覺得，搬不動真的「不是你的錯」。

「螞蟻搬大象」這一妙招，以前很多皇帝就很擅長。他們在遇到天災的時候，常會下一道詔書，表示所有的問題都是我皇帝一個人造成的，所有的罪與責任都在我身上，這就是所謂的「罪己詔」。這種「罪己詔」，其實就是典型的「螞蟻搬大象」式的道歉。例如，漢安帝永初三年三月，史書上說「京師大饑」（就是大饑荒）、「民相食」（就是餓到要人吃人了），然後，皇帝下詔這樣說：

「朕以幼沖，奉承洪業。」——意思是，我很小就當皇帝了。

「不能宣流風化，而感逆陰陽，至令百姓饑荒。」——意思是，我的罪就在於不能感動天地，實在抱歉，因此造成了饑荒。

此時，身為百姓，你還能怪皇上嗎？結果往往就是「四方人心大悅，士卒皆感泣」——大家都感動到哭了。

—使用注意—

這招的適用範圍，主要是日常生活中那些比較模糊的責任地帶，而且是為了平息對方的怒火才使用的。如果是在明確追責，並且對方怎樣都不會放過你的場景，比如車禍現場，當然不能主動把責任攬到自己身上。

常用句型

- 這件事情完全是我的錯，我是……我應該……
- 都怪我，都怪我，我有責任……但我沒有做到。

透過自我溝通，把弱點當成鎧甲

所謂「自我溝通」，就是自己與自己對話的過程，常被用來明確、建立或者強化自己的想法與觀念。在卡通或漫畫中，我們常看到這樣的場景：主人公猶豫不決的時候，肩膀上會站著一個小天使和小惡魔，勸他該做或不該做什麼事；而在《哈姆雷特》中，那句著名的臺詞——「to be or not to be」，也是最典型的自我溝通場景。

自我溝通看起來只是喃喃自語，其實需要很強的自我接納、自我發現以及與自我達成和解的技巧。善於自我溝通的人，總是自信、幽默、受人歡迎的。

用自嘲與自謙進行自我保護

——典型錯誤—— 掩蓋弱點而非正視它

很多人都在努力讓自己變得完美——工作中兢兢業業；生活中謹小慎微；遭遇不同意見

時，只是因為害怕被證明自己是錯的，寧願把話往肚子裡嚥，也不願當面講清楚；遇到不明白的事情，寧願熬夜上網查資料，也不願當面多問一句，以免讓人知道自己的無知。明知道這樣做太累，還是沒有勇氣釋放真實的自己。

所以，我們該如何面對真實的、有弱點的自己，並與這個不完美的自己相處，是自我溝通中的重要問題。

很多人面對弱點的第一反應是掩蓋，不讓他人察覺，覺得唯有展現出自己完美、優秀的一面才能更好地應對敵人的攻擊、贏取隊友的信任。

其實，如此掩蓋自身的弱點有兩大風險：

第一，暴露弱點後的心理成本會變得特別高。比如，下功夫維持形象，卻被別人戳到軟肋，就很容易原地爆炸。

第二，會讓別人越來越好奇我們真實的弱點。因為越是遮遮掩掩的東西，大家就越會挖空心思去揣測。

所以，學會與自己溝通，首先要學會如何與自己的弱點相處。

——小訣竅——　**主動暴露弱點會讓你戰無不勝**

透過自嘲讓敵人無攻擊之門

用自嘲的方法說出自己的弱點，會讓敵人再也無法用嘲弄我們弱點的方式來攻擊我們。在奇幻小說《冰與火之歌》中，小惡魔有一句名言：「把你的弱點當做你的鎧甲。」也就是說，一旦我們接納了自己的弱點，就沒有人可以再以此來傷害我們了。說件真事兒：

邱晨有個朋友，在二十世紀九〇年代的時候就是一名著名的ＩＴ（資訊技術）行業從業者，但是，二十世紀過去了，他的頭銜依舊是「著名ＩＴ行業從業者」。他辦過網站，開過公司，做過手機應用軟體，都不算成功。現在他已經四十多歲了。當他依然不甘寂寞地活躍在創業圈時，流言蜚語也朝他襲來。有人說他騙投資人的錢，把自己捧紅，卻把公司辦砸了；有人說他的能力言過其實，配不上他在圈內的名聲；還有人給他貼了個標籤——「連續創業失敗者」。

要換別人，早就意志消沉了，不過這位朋友擅長自嘲，也不害怕被貼標籤。有一次他獲邀參加一個創業者論壇，乾脆把自己的演講標題定成了《連續創業失敗者》。演講中，他沒有憤懣地反駁那些對他的嘲弄，而是說：

「我想主辦方之所以邀請我，一定是因為像我這樣能夠巧妙地避開了一切成功的可能，也是一件挺難得的事情。所以，不像其他人都是來分享成功經驗的，我就是來跟大家分享如何可以避開失敗的陷阱。」

這樣一來，他不僅透過自嘲把弱點變成鎧甲，讓想要藉此嘲笑他的人從此都失去了著力點，還透過分享，把弱點變成了賣點，一下子逆轉了敗局。這就是自嘲的力量。

透過自謙取得他人的信任

在私人空間裡適當暴露自己的弱點，可以很容易地與身邊的人建立信任。很多人都有一個誤解，就是以為自己一定要足夠優秀，才能和優秀的人做朋友。但其實人性比我們想像得要暗黑那麼一點點——我們可以先回想一下自己的經歷，我們雖然想和優秀的人交往，但我們是不是更願意與那些沒我們優秀的人來往呢？心理學家就指出，當我們「比下有餘」的時候更容易感到安全，更容易增強對自我價值的認同。

在職場，特別是吸納了很多名牌大學畢業生的公司，總會發現每年新來的員工都在卯足勁明爭暗鬥，有的吹噓自己的名校經歷，有的暗示自己的文學素養。但是在某公司，有這樣一個新人，從來不參與這種「自吹自擂」的活動，平時他最常跟同事和前輩說的就是：「我一個野雞大學的畢業生，在這裡就是來打雜的。」而且他聊天的時候也喜歡說自己的糗事，比如，

「我今天真是倒了血霉了，一路小跑衝進地鐵站，卻眼瞅著地鐵門就在我面前關上。」

結果，所有同事都跟這位新人關係最好，有工作安排優先考慮他。在其他人眼裡，就算他沒做好，批評他時也沒有心理負擔，甚至有心裡話也願意跟他說，因為他看上去更能理解別人的不如意。就連公司老闆也跟他漸漸有了不錯的私交，說他「接地氣兒，有人味兒」。

所以，適當地把自己的弱點交到對方手上，可以拉近對方與我們的心理距離。而一個有弱點的形象，也更容易讓他人覺得這個人更真實、可掌握，反而容易投注更大的信任。

這就是自謙的力量。

—使用注意—

面對敵人的時候，應當用自嘲的方式提及對方已經知曉且可能會被攻擊的弱點，而不必將所有弱點和盤托出，給對方更大的攻擊空間。

爭取他人信任時，應該多暴露自己無關緊要的弱點。例如職場工作中，你可以大談自己畢業學校不好，但是直接涉及工作能力的弱點最好還是盡少展現並盡可能改正。

常用句型

- 我在這方面確實不太行，以後還請您多多指教。

讓對方覺得他在某方面比你強，會讓他感覺到更安全，反倒更容易與你親近。

掌握幽默的正確法門

——典型錯誤—— 將講笑話等同於幽默感

你身邊是否也有這樣的朋友，在與他們相處的過程中總是感覺很舒服、愉快，他們常常自嘲、自黑，開很有趣的玩笑，即便面對尷尬場景，也可以透過自身帶有的幽默屬性將尷尬化解於無形。

可當我們想要學習、模仿時，卻往往找不到門道，開的玩笑要麼不好笑，要麼招致別人反感；面對尷尬場景時，明明自嘲、自黑的招數統統用盡，卻使得場面更加尷尬。該怎麼掌握幽默這門技能，讓你與他人的相處變得更輕鬆、更有趣？這是需要我們思考的問題。

很多人覺得，幽默感不就是會講笑話嗎？我常備著幾個笑話，需要的時候講出來就好了啊！可是漸漸地你就會發現，有些笑話對這群人講效果很好，對另外的人講可能就起不到那麼好的作用了。而且，即便你憋足了勁兒講出來的笑話能夠得到大家的認可，平常的時候卻依然讓人感到無趣乏味，那你這笑話不就白講了嗎？

真正有幽默感的人從來不用刻意去講笑話，他們好像隨時隨地都可以根據當時的情景創造笑料，讓大家覺得有趣。總之，幽默感是一種營造氛圍的能力，把它當做簡單的「講笑話」，是一個很大的誤讀。

—小訣竅— 營造氛圍，避免誤傷

幽默感的體現，是在日常交流場景中對氛圍的營造，包括說話內容、說話語氣甚至是開玩笑自嘲的角度等多個方面。

內容上，錯位反差是關鍵

所有幽默的機理都是利用「反差」和「錯位」，刻意製造不協調，打破常規修詞學上語言或邏輯的規則，製造一個「期待突然撲空」的心理落差。

修詞學上製造錯位的手段有很多，如轉移、岔斷、反語、擬人等，這些名詞聽起來既拗口又難懂，所以為了方便理解，我們可以把它們粗糙地概括成：把各種可能的維度都反著說。這裡有一個很巧妙地用幽默化解尷尬的例子：

阿姆斯壯登月時，其實還有一個小夥伴——奧德倫，但因為阿姆斯壯先邁出登月艙，於是變成了登月第一人。他們回來的時候，想要挑事兒的記者問奧德倫：「阿姆斯壯搶先出艙門，創造了歷史，你會不會嫉恨他呢？」

當時場面一下子就變得很尷尬，連在場的阿姆斯壯臉上都有點掛不住，但奧德倫卻說：

「可是回地球的時候，第一個出艙的可是我啊，我可是從外星球回來、踏上地球的第一人。」

明明輿論關注的是登月第一步，他反向說成是登月歸來第一步；明明是本該遺憾的，偏偏說成是值得驕傲的。這是一個將事件角度和自我評價都反著說的絕好例證。

語氣上，避免先笑破哏

要想製造幽默氛圍，只是內容上製造笑哏還不夠，還需要語氣上的配合。我們身邊是不是都有這種朋友，他想講個笑話，然後自己笑到講不下去，喘著氣把笑話講完，大家的反應往往是：「有這麼好笑嗎？」就算把大夥兒逗樂了，笑的也不是笑話本身，而是在笑那個上氣不接下氣的講笑話者。但如果我們一直一本正經，又很可能造成誤會，別人不知道我們是真高冷還是在開玩笑。

所以，講笑話者在包袱抖出來之前不能笑，之前笑，要麼容易給人造成太高期待，要麼容易自己笑得花枝亂顫最後破哏；在抖包袱的時候也不能笑，而是要配上相應的表情包，或正經，或高冷，或嘲諷，或驕傲；包袱抖完了，再一起真誠地笑。

角度上，避免誤傷很重要

有時候你自嘲也自嘲了、玩笑也開了，怎麼圍觀群眾就是笑不出來呢？除了笑哏的品質和演繹的方式有問題之外，問題可能出在：看似自嘲的同時還誤傷了旁人。

例如，收入不錯的公司中層因為要還房貸而自嘲說：「哎，每個月這麼點收入，一大半捐給了房子，到月底就要吃土了。」這時，旁邊收入比他低很多、還在租房住的實習生自然會覺得很不舒服，感覺被傷害到了。

所以，選擇合適的自嘲很重要，有比你老的人在場，就別拿年紀自嘲；有比你胖的人在場，就別拿體重自嘲；有比你笨的人在場，就別選智商來自嘲。說話之道，也是為人之道。

—使用注意—

對於幽默感而言，技巧歸技巧，心態上還是要放輕鬆。無論自嘲還是開玩笑，別有過多的心理負擔。有時，「玩笑一定要很好笑」這種想法，反而會成為我們自嘲的負擔。我們要記住，幽默感——有，是錦上添花；沒有，也無傷大雅。

03
說服

將觀點植入對方心中

對許多人來說，說服就是一種用語言改變他人想法的過程。這種神奇的刻板印象，往往讓人們對於說服這件事既畏懼又羨慕。

說服並不是什麼如洗腦般的超能力，而是一門跨領域的學科，其核心主題無非有兩方面：一是人如何形成看法；二是人又為什麼會改變看法。

前者，使得整個學習說服的過程，幾乎等同於一個自省的過程；後者，則讓我們在說服中，不只知道了要如何改變別人，更重要的是讓我們不害怕改變自己。

畢竟，人不是只有改變了主張才叫改變；當你既有的信念加深了，當原本抗拒的事物變得沒那麼討厭了，其實也都是一種改變。

能改變、被改變，是必然；不變，才是偶然。

用選擇權啟發對方

很多人以為，說服是找出一種說法，好讓你「照著我的話做」。但事實上，一切的說服都只是為了找到一個切入點，好讓對方能從中為自己找出一個去做的理由。

所以，當我們要說服別人的時候，第一步就是要意識到，每個人都必須擁有對自己行為的選擇權，確保它，並且善用它。

用提問引導對方思路

——典型錯誤——動不動就說教

日常生活中，我們有很多時候都希望能勸身邊的人改掉一些壞習慣，比如，子女為了父親的身體健康，想勸他戒菸；女朋友為了伴侶事業著想，想讓他收斂一下壞脾氣；老媽擔心兒子的課業，希望他少打點電玩……但正所謂江山易改、本性難移，人們養成的壞習慣其來有自，旁人苦口婆心往往徒勞無功。這時候一不小心，對話就會進入說教模式。

就好比某次閒聊時，你聽到朋友抱怨自己長胖了，於是你們展開了對話：

「唉，我最近又胖了，好羨慕你的身材，能鍛鍊得這麼好。」

「是啊，你為什麼不跟我一樣，花點時間去慢跑，運動一下呢？」

「我也知道，但工作太忙，實在沒時間……」

「我覺得還好吧？你真的有那麼忙嗎，連每天半小時都抽不出來？」

「嘖，你哪裡知道我們這種加班狗的苦。而且就算有時候早點下班，也是精疲力竭，哪有心情慢跑啊……」

「那為什麼不試試晨跑呢，早起半小時，跑完精神會更好喔。」

「但我體力不行，跑沒多久，就會很累……」

「放心，體力是練出來的，只要持之以恆，就會越跑越輕鬆。」

「算了吧，我從沒慢跑過，連雙合適的鞋子都沒有……」

「那小事，我帶你去買一雙，如何？咱們明天下午就去商場挑。」

「唔，我看下次吧……」

上面這段對話，有沒有覺得很熟悉？其實，這就是最典型的說教場景。說教方喜歡用「為什麼你不如何如何」的方式，督促你去做某件事；然而被說教的那一方，則不斷丟出「因為我有什麼什麼原因」當藉口，拒絕做出改變。

這個過程，難免會讓說教者覺得氣惱——難道你真的不希望自己變得健康一點嗎？難道你不相信運動有益健康？你為什麼會一直處在這種抗拒狀態呢？

其實真正的問題是出在說教者的說話方式上。

要知道，當我們一直問別人「你為什麼不如何如何」的時候，就會很自然地讓對方的思考偏向於為他不做這件事找出一個理由。

而接下來，你為了勸導對方，又不得不將他自己所提出的理由一一推翻，這個過程很容易會引發對方的反感，讓對方覺得「你又不懂我的情況，少說這種風涼話」。

畢竟，誰都不喜歡被否定，而為自己所提出的理由辯護更是人類的天性。

於是這麼一來二去，那位原本你想勸他去做運動的朋友，在一連串的說教下，此刻只會滿腦子充斥著「為什麼我不能去慢跑」的理由，且在與你的爭論過程中（即便只是溫和的爭論），不斷堅定著自己的想法。

—小訣竅— 反向提問

那麼，要怎樣勸導才有效呢？

關鍵在於，我們要改變提問的方向，來引導對方從「為什麼我不能」轉變為「為什麼我想要」。

讓我們再看一次前面的例子：

「唉，我最近又胖了，好羨慕你的身材，能鍛鍊得這麼好。」

「咦，奇怪了，你看起來不是那種會注意身材的人，為什麼會對運動感興趣呢？」

「我也希望自己能瘦一點啊……」

「胖就胖嘛，有什麼不好呢？」

「可是瘦一點的話，我穿起衣服來就能更有自信一點……」

「何必在意呢？反正我們又不會嘲笑你。」

「不是別人會不會嘲笑的問題，而是自己看自己也不開心啊……」

「那麼，你打算怎麼做呢？」

有沒有發現，換一種說法，這段談話的方向就跟之前說教式的對話變得很不一樣？

因為在這段對話中，勸導者一直在做的是不斷問對方「為什麼你會想要」，而每問一次，聽者的腦中就會思考一次「因為我要如何如何」的理由。這樣的理由，就像埋下一顆種子，而且會隨著勸導者的每一次反駁（胖就胖嘛，有什麼不好呢）逐步加溫，變得越來越深（自己看自己也不開心啊）。

畢竟，還記得嗎？誰都不喜歡被否定，而為自己所提出的理由辯護更是人類的天性。

於是，隨著理由與信念漸漸被強化，最後，勸導者只要問一聲「那麼，你打算怎麼做呢」，就很有可能將改變從念頭激勵為行動。

此時，如果這位朋友開始談買跑步鞋的計畫，或者說出決定跑步的時間，那我們當然可以很開心地表達支持。但除非他主動提問，否則此時切記別用過度的關懷讓他感受到壓力，因為這種行為只會重新激起對方對跑步的抗拒心理，那就前功盡棄了。

同時，這套提問方法，不只可以用於勸導別人，也能夠用在自我激勵上。因為許多時候，當我們在自我對話的過程中，如果不斷問自己「為什麼我做不到」，那麼我們就等於是在鼓勵自己生產出大量「做不到」的理由。

由此可知，自我檢討和自我激勵其實存在著一定程度的矛盾。我們對自我的缺點檢討得越多，其實也就等於是在合理化它存在的理由。

比如，許多得了拖延症的人，總是在檢討自己：我為什麼做事情老是在拖？相信我，只要你孜孜不倦地問下去，這些拖延症人群到最後，一定能從自己的生活中或個性中，找到自己不得不拖延的原因，比如：

「為什麼我每次都把工作拖到最後一刻呢？」

「為什麼我就不能像別人一樣，按部就班，把工作照著時間表好好做完呢？」

「難道，只是因為我很懶嗎？」

「啊，其實我覺得，這都是因為我本來就自在慣了。」

「其實我這個人對生活的嚮往，本來就是不喜歡拘束與壓力。」

「其實我這個人就是藝術家個性，所以就不是那種被行程表逼得到處跑的人。」

「其實我這個人的工作需要的是創意，越到截止期限越能激發靈感。」

……

當你內心中已經產生了這一連串對話時，那麼很遺憾，你這個毛病基本上越檢討越難改。

所以，如果真想改變自己的壞毛病，就別問「我為什麼做事情老是在拖」，而是要去問「為什麼這件事我會不想拖延」。換一種問法，就能讓自己的想法產生不同的路徑。

—使用注意—

說服，不是一蹴而成的事情，尤其是在針對某些成見已深的對象時，不要覺得我講了半天，你還是沒有那樣做，就是失敗了。事實上，說服是一個程度上的改變，只要對方的想法從「很討厭」到「沒那麼討厭」，甚至是在思考「你說得也有一定道理」的時候，其實說服就已經開始成功了。

常用句型

●你曾經有一點點想要那麼做嗎？

透過反向提問，引導對方的思考方向。例如，當你想要勸他人戒菸的時候，就問他是否曾經想過要戒菸，理由是什麼，從而喚起他自身為「戒菸」這件事尋找理由。

●咦，你居然會想過要這麼做，我很好奇，原因是什麼？

用提問引導對方強化某個信念，同時用「我很好奇」這類中立表述消除對方戒心。

有策略地請人幫忙

——場景—— 我有困難，該怎麼開口

一則新聞報導：

四川有個老太太，八十多歲了，坐火車到成都看病，但因為她的坐票沒有買到終點站，所以中途就被座位的主人請了起來。老人家的女兒請對方讓個座，卻遭到拒絕，因而感歎：年輕人真是缺乏愛心。

但座位的主人卻委屈地認為：「坐自己花錢買來的位置，難道錯了嗎？」

這樣的事件，早已不是第一次發生，社會對於那些動輒採用道德綁架、強逼他人做好事的人，也越來越不能忍受。

但與此同時我們也得承認，出門在外總是有需要向他人說明的時候。那在遇到類似情況時，究竟該怎麼說，才能讓別人更願意讓座給我們呢？

——小訣竅—— 要以對方為出發點

訴求要具體

要知道，社會上每個人其實大多是願意做好事的，但關鍵是我們必須要讓他們具體地感受到，這件好事做與不做有什麼差別，以那則新聞報導為例，我們比較一下這兩種說法：

「抱歉，我母親年紀大了，可以讓個座嗎？」

「抱歉，我母親年紀大了，這一路實在站不住，如果沒人願意讓座，她最後就只能坐地上了。」

比較之後有沒有感覺出，這兩種說法是很不一樣的。跟前一種說法相比，第二種說法更具體地強調了對方讓座與不讓座的區別，也更能激發出行善者腦中的畫面感。

我們每個人都會希望自己的付出是為了某個看得見的改變。因此，請人做好事的時候，我們不能只盯著自己的需要，而必須讓對方知道，自己小小的一個行為將會為他人減輕多少痛苦、增加多少快樂。

比如當我們要求加薪的時候，不能只說：「老闆，請給我加薪，因為我很需要錢。」而是必須要讓老闆知道，這筆錢對我們來說會造成什麼樣的影響。或許，這筆錢能讓我們買輛車，不用再擠公車上班；或許，這筆錢能讓我們每年有機會帶著家人出去旅遊一趟，從而對公司更加死心塌地。所以第一步，我們必須要讓對方知道，對方的行為具體能給我們帶來什麼改變。

善意要擴大

每個人在做好事的時候，最擔心的就是不知道自己的善良會不會被別人利用，所以我們要努力讓對方相信——他的善意是不會被糟蹋的。

還是來比較以下兩種說法：

「抱歉，我母親年紀大了，可以讓個座嗎？」

「抱歉，我母親年紀大了，如果您願意讓座，我會非常感激，而且我保證，您的好心不會白費，下次要是讓我遇到其他有需要的人，我也一定會像您一樣伸出援手！」

我們可以感受到，跟前一種說法相比，第二種說法凸顯的是我們對於這種善行的珍惜，強調對方的善意不但不會被我們所辜負，我們甚至還會願意繼續傳遞，好讓對方的付出變得更有意義。因為在現實中，我們常會覺得自己所做的好事，在這大千世間、茫茫人海中只是曇花一現，根本沒有價值，這才是使得人們往往不太願意做好事的真正原因。

當然，這個方法絕對不是要我們去騙人，因為我們都希望，所有接受過別人幫助的人都能將這份感激化作對社會上其他人的善行。而這裡強調的則是我們應該把自己心中的這種轉變說出來，好讓對方覺得他的付出沒有白費。

讓對方有選擇

前兩點你做得再好，只要這一點不過關，也不會有好結果。在整個過程中，我們一定要讓對方很清楚地感覺到自己是有選擇的。畢竟，沒有人會喜歡被迫做決定。事實上，無論某個決定有多正確，只要當我們感覺自己是不得不做這個決定的時候，腦中就會不由自主地產生種種抗拒的念頭，甚至會妨礙我們做出正常的判斷。相反，當我們發現在做決定時，主動權是牢牢掌握在自己手上，那麼我們就會覺得安心，並自覺地放鬆戒備，開始認真思考各種選項的可能性。

我們可以比較以下這兩種說法：

「抱歉，我母親年紀大了，可以讓個座嗎？拜託拜託，求求你，無論如何，一定要幫幫忙。」

「抱歉，我母親年紀大了，可以讓個座嗎？當然，這是個不情之請，畢竟是您的座位，讓不讓由您決定。」

跟前一種說法相比，第二種說法尊重了對方的選擇權，而這往往才是最具有說服力的請求方式。

—使用注意—

在類似這樣的社會熱點中，人們關注的焦點往往集中在分辨誰對誰錯、孰是孰非上。但拋開對錯是非，真正的問題應該在於這個社會上有許多人總是喜歡把善良的請求變成道德的指控。畢竟我們每個人都會有需要別人說明的時刻，而一個社會也必然是在互相說明的情況下才能變得更美好。

朋友硬要做蠢事，怎麼勸

—典型錯誤— 不該理性時，偏要講理性

朋友之間，互相幫忙是必需的，可有時，朋友明明準備做一件蠢事，問我們支不支持，那就有點尷尬了。我們肯定不能把朋友往火坑裡推，但又怕朋友覺得我們不仗義，怎麼辦呢？

很多人面對這種情況會面臨以下幾個誤解：

錯誤1：追問原因

很多人覺得，既然說了是蠢事，肯定就是沒理由的，所以問問「為什麼」，朋友不就冷靜下來了嗎？

事實上，在氣頭上的人是一種特別奇怪的動物，說他聰明，其實是氣迷心竅；說他笨，他能為自己找無數理由。若問他「為什麼」，就相當於給他做了個球讓他打，他肯定能說出一大堆理由，這時候你再不幫忙就顯得更不是東西了。就算你能反駁掉他的一個個理由，到最後他很可能就撂下一句：「不為什麼，我就是嚥不下這口氣！你就說你幫不幫我吧，別廢話！」很明顯，這不但費力不討好，還會讓溝通進入死胡同。

錯誤2：獨善其身

有時候，我們明知道朋友就是在氣頭上想發洩一通，也想幫他消氣，可如果幫忙的方式依然秉持理性原則，結果就是不僅沒效果，還很可能會讓朋友更加憤怒。

例如，當你的閨密讓你陪罵的時候，你優雅端莊、義正詞嚴地勸：「哎呀，她也不是什麼壞人，這次得罪了你估計也不是故意的，不然你消消氣？」你覺得你朋友聽了會怎麼想？「好嘛，她不是故意，那意思是我氣量小嘍？好，你護著她，我自己一個人去！」

最後的結果是，你看似理性客觀、啥話都沒說錯，可事情就奔著糟糕去了。

錯誤3：拚命攔阻

當我們一切方法都用盡了的時候，往往剩下的最後一招就是「我死活不讓你去」！然而，你的朋友畢竟不是可以被關在箱子裡的神奇動物，你奮力攔截，不僅最終攔不住，還很可能在過程中激發他的逆反心理：你們都不讓我去？好，我就去做給你們看！

——小訣竅—— 疏導式勸阻技巧

不要問「為什麼」，要問「怎麼了」

這兩句話看似相近，但其實有非常重要的區別。前者，是在質問朋友這麼做的原因；後者，卻是在詢問事情發生的緣由，換言之，是在邀請朋友來向你傾訴遭遇的委屈。

所以，當我們把「為什麼」換成「怎麼了」，最壞的情況他也不可能說「不怎麼，我就是想這麼幹」吧？如果真這麼說，那他就是真瘋了。而更可能發生的情況是，他會開始跟我們具體說說到底是「怎麼了」。這個時候你就會發現，問題已經從「我想做什麼」變成了「我的感覺是什麼樣的」，而只要他能詳細地說出自己的感覺，他就會慢慢覺得，做蠢事的真正動機說白了就是爭口氣而已。

引導情緒宣洩，你要罵得比你朋友更狠

既然朋友所做的蠢事就是爭口氣，那麼接下來我們就得幫助朋友出這口氣。但是出這口氣不是讓我們跟著他出去打架，而是發洩情緒。

很多教科書都告訴我們如何發洩情緒，比如要學會聆聽。聆聽當然是需要的，但是不能只是聽，因為氣頭上的人最討厭的是得不到回應，最希望的是有人跟他同仇敵愾。這個時候，需要的是有人跟他一起罵，最好比他還生氣、比他還具體、比他還刻薄。

這可不只是女生的專利，男生也一樣。很多江湖大哥遇到朋友來訴苦，第一句話肯定是：「敢欺負我兄弟，不想活了！」最後人家還不是活得好好的？關鍵是這個氣勢讓朋友覺得很舒服。

事實上，當你罵得比你朋友更狠的時候，他才可能會冷靜下來——

「他居然敢這麼對你，真是太過分了！」

「就是啊！」

「簡直是豬狗不如！」

「啊……那倒好像也不至於……」

與其一味阻攔，不如把計畫落到實處

可能有人會說，這樣幫朋友出氣很危險啊，萬一發洩得激動了、興奮了，真去幹蠢事了呢？現在你還要教他「把計畫落到實處」，這不是教唆犯罪嗎？當然不是。

絕大多數的傻事都是一時衝動幹出來的，而要避免一時衝動，幫著他煞有介事地「精心策畫」，其實是最好的辦法。比如，打架都是頭腦一熱，可是你真要仔細想些實際的問題，諸如：在哪兒打？帶幾個人？怎麼約出來？對方會帶幾個人？打完之後醫藥費誰出？對方報警怎麼辦？日後報復怎麼辦？留下案底怎麼辦？過火出事怎麼辦？這些問題認真想一輪，我們的腦子也就冷靜下來了。

這就像是看動作片，裡面打得熱鬧，看電影的人也覺得很爽，可回頭仔細一想：歹徒哪來那麼多槍？憑什麼主角總是不受傷？怎麼會挨了打好得那麼快？當我們把細節落到實處，其實是一件很洩氣的事。再衝動的人，只要事先腦子裡過一遍，也就不那麼容易做蠢事了。

─使用注意─

朋友想幹蠢事，攔一下是我們的義務。有人可能會問，如果這三步都做了，朋友還是要幹蠢事呢？說真的，朋友之間都是獨立的個人，勸誡也是有限度的，不管多好的關係，都不要被別人的蠢事綁定。如果對方還是不依不饒，指著我們問「是不是朋友」，那我們完全可以說：「對不起，我永遠都拿你當朋友，但是你非要強人所難、陷我於不義，那就是沒拿我當朋友了。」

說到這一步，也許有點沉重，但是我們是要好好說話，不是要做好好先生，任何技巧都是為原則服務的。

常用句型

● **這到底是怎麼了？是誰得罪了我家哥哥（姐姐、妹妹）？**

先詢問事情經過，讓朋友在傾訴中冷靜下來；表達同仇敵愾的姿態，消除他的抗拒情緒。

● **！＃¥%……&＊**

幫助發洩情緒嘛，當然是怎麼狠怎麼來。這裡各地方言特色不一，就不具體舉例了。

● **去啊，當然要去！來來來，我們好好商量一下……**

順水推舟，將計就計，讓朋友在「計畫」的籌備過程中，從莽撞的狀態裡清醒過來。

訴諸需求，觸及對方「痛點」

所有的說服都有一個基本的道理——不要一直強調我需要什麼，而是要想辦法找出對方需要什麼。甚至有時候，為了要達成這個目的，我們在真的找不出對方需求的時候，還要想辦法為對方創造一個需求。

而最常見的需求往往都是來自最基本的安全、舒適與自我實現。

如何說服年紀大、地位高的人

─典型錯誤─ 試圖輸出價值觀

生活中我們會發現，人年紀越大、地位越高，往往就越保守。我們的父母、老師、上司，基本上都會覺得年輕人的想法太激進、不靠譜；而這些人又掌握著話語權。於是問題就來了：計畫書能不能過關、想法能不能得到賞識、冬天能不能不穿衛生褲……往往都是這些人說了算。

我們跟他們爭吧，他們是長輩；不爭吧，活活憋死自己。那麼，我們就要想一些辦法，能夠讓他們認同我們的觀點。

很多人都會覺得，長輩之所以不同意自己的觀點或者方案，是因為價值觀的差別，因此他們會試圖向長輩解釋自己這麼想是對的。例如，冷一點其實沒什麼，但是穿衛生褲顯胖不好看，對我來說好看比較重要。類似的情況也出現在公司的上下級之間。但其實上司也是從基層做起的，父母也經歷過年輕的時候，他們又怎麼會不懂呢？他們完全知道我們的價值觀，只是他們現在不認同而已，因此，輸出價值觀其實是沒有意義的。

──小訣竅──用對方的視角看問題

找到長輩能聽進去的理由

不管是長輩還是上司，之所以聽不進去我們的理由，主要是因為他們與我們看問題的角度不一樣。我們暫且先用公司上司和員工來舉例。

比如，員工做具體工作，專注於技術問題的解決；上司負責全域統籌，專注於宏觀態勢的把握。看問題的層次不同，做決策的時候優先順序就會不一樣，即一個看重於把事做成，一個看重於別出亂子。這才是上司之所以比較保守的根本原因。

一般情況下，上司能夠明白員工為什麼這麼想，員工卻很難知道上司真正關心的是什麼。如果我們不試著從一個更高的層面去理解，只知道掰扯自己的道理，就算上司駁不倒我們，我們的溝通也一定是無效的。這就需要把我們的道理用上司層次的視角轉換一個說法，讓他能聽得進去。

比如，《西遊記》裡「三打白骨精」的故事大家都熟悉，可是我們有沒有想過，唐僧為什麼死活聽不進孫悟空的意見呢？表面上看，他是不相信孫悟空的專業水準，其實真正的原因是他們想問題的方向不同。

孫悟空的角色相當於我們現在的專業技術人員，只負責降妖除怪、保護師父，見妖怪就打很正常；可是唐僧是什麼人？他是十世修行的金蟬子，輪迴過那麼多次了，安全問題真的不是他的第一考慮。唐僧當然知道孫悟空是專家，然而問題是，萬一孫悟空錯了呢？唐僧的十世修行就會付諸東流。被妖怪吃了不要緊，大不了再輪迴一次；可是萬一錯殺無辜，取經這事就算徹底泡湯了。所以，唐僧的真實關切絕不是孫悟空站在自己那個層面就能理解的。

如果我們是孫悟空，又要打死白骨精，又要顧及師父的面子，該怎麼辦呢？我們就應該站在唐僧的高度來分析裡面的利害關係。比如，孫悟空可以這樣說：「師父，我知道您是怕我萬一看得不準就會濫殺無辜。可是您也要想想，萬一我們被外表迷惑錯放走了妖精，受苦的可是周圍的老百姓啊。多少生靈塗炭可都要算在我們頭上，到時候在佛祖面前如何交代啊！」這就相當於是一個員工，從上司真正關心的問題著手去提出自己的訴求。就算這時候唐僧還是猶豫，至少也不會念緊箍咒了。這才是真正意義上的有效說服。

當然，上司不一定像唐僧那麼嘮叨，他的考慮也不一定像唐僧那麼「高大上」，但是道理是一樣的，就是上下級想問題的角度不同。上司想問題跟我們的優先順序是不一樣的，我們得跳出自己的專業局限，才能找到他聽得進去的理由。

找到對方感同身受的「痛點」

找到對方感同身受的痛點是什麼意思？先說個冷知識。

據調查統計，面對重大疾病選擇治療方案的時候，與普遍人相比，醫生這個群體往往會選擇比較激進、風險比較大，但是如果實施成功，效果會比較好的方案。為什麼呢？因為醫生見過的病人多了，完全知道生病有多痛苦，所以他們寧願選擇一個要麼快點死、要麼好好活的方案，也不願意接受拖一天是一天、持續處於痛苦之中的保守治療。而做為普通人，因為這種大病之前也沒得過，沒有切膚之痛，所以往往不太敢選擇激進的方案，自然比較傾向於保守的治療。

可見，很多人之所以保守，之所以覺得還能忍，是因為不知道有多痛。做為上司，年紀比我們大，地位比我們高，我們的很多痛點他是沒感覺的。就像我們在烈日下騎著車等紅燈，他們在烈日下坐在豪華汽車裡等紅燈，同一個紅燈，不同的世界。工作也是一樣，我們覺得不改不行的地方，比如作風太官僚、手續太煩瑣，而上司覺得沒有什麼不妥。所以，我們必須要觸及他的痛點，他才能採納我們的意見。

比如，在工作中，很多基層工作者最頭疼的就是辦事手續太煩瑣，而讓上司簡化流程又很難推動，因為上司辦事的時候手續並不煩瑣——沒有「痛點」嘛。怎麼辦呢？讓他「痛」！

我們要把話說成這樣：我們也是被逼無奈；我們也得走流程、按規矩來；這也得簽字，也得批示；這也要開會，也要打報告的。也就是說，我們不能白忙，要拉著上司一起忙，直到上司不堪其擾，說出那句我們等了很久的話——「這點小事也要來麻煩我？」

好了！現在我們就可以說出憋在心中很久的那句話了：「唉，我們不也是沒辦法嗎？程序就是這樣規定的，我不天天找您我擔不起這責任啊，要不咱們考慮考慮簡化一下流程？」這個時候，跟我們有一樣痛點的上司，自然也就比較容易點頭啦。

又比如，我們要推進一個項目，但是上司覺得風險太大。那我們要清楚，上司和我們的痛點是不一樣的。錯過一個好項目，對他來說也心疼；可是萬一搞砸了，我們倒是可以辭職走人，上司捨不得啊，所以他的痛點在這裡。所以，在勸上司的時候，我們不要太強調收益，而要強調風險規避；不要太強調創意（什麼行業先行者啊、領先多少年啊，這些會讓上司越聽越害怕），而要強調市場的可行性（即別人也有成功過的）。這才是找準了上司的痛點來進行說服，效果會好得多。

給對方一套完整的解決方案

保守派想問題，一向是從最壞的情況出發，而要應對最壞的情況，預備方案就需要比較完備。說個生活中的例子，媽媽要兒子穿衛生褲，怎麼辦？說「我不冷」有用嗎？沒用！

可是，如果兒子方案比較完備，那就不一樣了。比如他可以這麼說：

「等會兒出門叫車，我會等司機到了再下樓，不會在外面待太久。」

「我去的那個地方暖氣很足、人很多，穿多了不舒服。回來時也是離地鐵幾步路而已，凍不著。萬一要在外面走路，我就叫個專車直接門口到門口，您就放心吧。」

兒子的出門方案如此完整，媽媽就是再擔心，也說不出什麼來。

總之，家長、長輩和上司比較容易保守，這是人家的天職所在。要說服保守派，我們就要找到他們能聽得進去的理由，讓他們能切身感受到痛點，並且提供一套完整的方案。

使用注意

很多人會覺得和長輩說不通道理，其實不是的，只是因為他們有自己的一套道理而已。所以說服長輩的核心，其實不在於具體的語句，而在於你要去了解他們的「三觀」（世界觀、人生觀、價值觀）。在日常生活的點點滴滴中，你要清楚地知道他們是如何看待各種問題的。這樣才能有機會說服他們，不然難免會巧婦難為無米之炊，無從下手。

常用句型

●**您總教我……很重要，可在這件事情上……**

歸納對方看重的要點，隨後提出在這一點上的不同意見，用長輩的視角來闡述自己的觀點。

●**您是不太清楚，其實我也是沒有辦法……**

借機說出自己的難處，讓長輩感受到自己的切身之痛。

如何催促「拖延症老闆」

——典型錯誤——扮可憐，求老闆

現代社會，很多人都有拖延症。有人認為，拖延症就是懶；但是心理學研究表明，拖延症沒這麼簡單，它的本質是為了消除恐懼和焦慮而引發的逃避行為。加州大學的資深心理諮詢師簡·博克和他的同事曾經整理過拖延者的信條，他們發現，拖延者往往追求完美、害怕失敗，也因此對即將到來的任務產生焦慮，為了緩解這種焦慮，只好一拖再拖、逃避問題。

在職場中，每一項工作或任務都離不開團隊配合。在幾乎人人都有拖延症的大環境中，我們自己的拖延症尚且有截止日期來救，但是如果我們的老闆有拖延症，誰敢給他訂截止日期呢？就算他自己訂了截止日期，往往也是說改就改，比如：

「我這幾天太忙，來不及看，你要的檔期再往後延一延。」

面對老闆如此拖延，很多人都會說：「那就求唄！」對老闆不能強硬、不能黑臉，所以就應該努力放低身段，可憐兮兮地求老闆把該看的看了、該審的審了；中間再加一段緊急情況說明，試圖來撇清「不是我催您，是情況所迫，所以您別怪我」。

我們可以想想，這樣做，雖然沒對老闆黑臉，但是卻讓老闆變成了壞人。我們求得越可憐，讓老闆這個壞人當得越徹底；描述的情況越緊急，越是在變相暗示老闆整的爛攤子有多大。這時候，不僅工作沒推進，還可能因為不會說話而與老闆產生嫌隙。

—小訣竅— 減少焦慮，提供動力

第一步：真誠表示體諒，實現低阻力溝通

以我們《好好說話》為例，每週的音訊錄製出來，聽審小組會給意見，無論修改還是送剪，最後拍板上線都要經過漸彪的審核，如果他拖拖拉拉不聽、不看、不拍板，那麼最壞的結果就是當期的音訊無法上線，「開了天窗」。

假如此時漸彪真的拖延了，我們就可以這麼說：「漸彪，最近你要忙的事情好多，還hold（掌控）得住嗎？我看你又是跑高中宣傳，又是和投資人協商，還要錄製自己的音訊，你要是有時間審我們的音訊就見鬼了。」

請注意，在這裡，我們沒有說現在離音訊上線的截止時間，也沒有讓他該拍板的時候就快

點拍板，而是先羅列他目前在做的很多工作，表示他的辛苦我們都看在眼裡，所以非常理解他到現在還沒聽審音訊的原因。

這樣的對話，會讓上司感覺下屬不是來責難他的，因為責難就意味著對立和攻擊，人面對攻擊的本能反應就是開啟防禦模式，不但會產生抵抗情緒，還會自我強化之前行為的合理性，表現出來的就是死要面子不認錯。老闆一旦不認錯，而且甩出大段理由來合理化之前的拖延，我們再往下接難度就會變得更大。所以，開個好頭很關鍵。

第二步：提供後備方案，清空焦慮記憶體

剛才我們已經體諒了上司的拖延原因，上面這則案例接著就該這麼說：

「看你忙得沒時間，所以我想了一下，如果你覺得實在來不及聽審這週的音訊，咱們還有一個方案，就是把後備音訊調上來，新的音訊可以以後再審。」

這就是提供後備方案。有人可能覺得，我們是想催老闆加快速度，怎麼反倒幫他找起後路了？這就是後備方案的意義——不在於上司會不會真的選擇它，而是幫助上司緩解當前開天窗的壓力，讓他覺得其實這件事沒有那麼難辦。一旦上司的壓力得到釋放，反而能在心情上緩解焦慮感，更願意面對和處理當前的狀況，甚至提供更好的解決方案。

所以，要想說服一個有焦慮情緒的老闆，最重要的就是給他安全感，最大限度地緩解他的

恐懼與煩躁，釋放他的不安情緒。這個後備方案未必完美，但它的作用只是想讓上司知道，它起碼是個兜底方案，是不會出現最壞結果的。

第三步：點明短期收益，激發主體動力

還是接著上面的案例，告訴了漸彪這個後備方案之後，就可以接著跟他分析：

「不過，如果這期趕趕工，上新的音訊，那就正好符合咱們職場週的主題。那些後備的音訊跟職場的關係不大。你看你只需要擠兩個小時出來，就能讓咱們這一週的產品更貼近主題，剛好也回應了上週聽眾的意見。」

這麼說有兩個關鍵點。第一，不拖延的好處在短時間內就有立竿見影的效果，這對上司來講誘惑力更大。因為恪守業務流程、樹立高層權威，這些都是高大、長遠、宏觀的好處，不如眼前本周的好評率和收聽率更為直接和貼近。第二，它強調了不拖延並不需要付出很大的代價，只需要多花兩個小時，這完全在上司的能力範圍內。兩者結合，給上司一種「踮起腳尖就能立刻摘到蘋果」的感覺，上司就有了做事情的動力。

—使用注意—

很多人覺得，老闆拖延我們員工不方便催，但在合作社會中，每一個人都應當盡力為自己的工作負責，員工不僅僅是為老闆工作，更是為公司、為自己工作，所以有需要催促老闆的情景就大膽且有技巧地催促就好。更何況，「催上司」是催人的最高境界，你連上司都敢催，還有什麼做不到的呢？

同時，操作步驟的順序很重要。

很多人覺得，既然點明利益這種方式簡單易操作，又何必多做前兩步白繞圈子呢？我們要清楚，溝通說服要根據對方的處境來擬定策略，開口就分析利弊得失，一般人很難聽得進去，更何況是一位注意力和判斷力已經被焦慮感所占據的上司。但有了前兩步做鋪墊，上司就清理了足夠的認知記憶體，這時候再給上司一個推動力就水到渠成了。

常用句型

- 您最近這麼忙，工作又多，應付得過來嗎？
- 您要是沒時間處理這個事，我們用方案B怎麼樣？
- 不過如果您能抽時間處理這個事，我們能獲得更多的好處喔。

如何說服比自己更專業的人

──典型錯誤──用「感受」評價專業，用「命令」逼迫服從

在這個高度分工的社會裡，人人都需要與專業人士合作。但因為專業性的差距，往往使這種交流困難重重，尤其是當你要說服一個比你更專業的人接受你的意見時，更是如此。

以和設計師溝通為例：甲方與設計師合作時，一方面，甲方覺得自己出了錢，就應該想怎麼改就怎麼改；另一方面，甲方卻感覺設計師用專業築起了高牆，就算沒有徹底拒絕甲方的要求，也總讓甲方覺得溝通困難。

那麼，一般人在說服專業人士的過程中存在哪些誤解呢？仍然以與設計師溝通為例：

很多人在勸設計師改東西時，總喜歡一上來就表達自己主觀意願上的不滿：「你這個方案不好看，具體哪兒不好看我也說不上來，就是感覺不夠高端、大器、上檔次。」然後就開始亂出主意，要人家東改西改──「要不你試試把logo（標識）放大一點？還有標題要放大，二維碼也要大，同時要留白哦……」（完全沒意識到「放大所有內容」和「留白」有多矛盾）

最後就開始下命令，威脅設計師說：「你到底改不改？不改不給錢啊！」

在這裡，甲方犯了三個錯誤：一是評價作品時只說主觀感受，讓人不服；二是提出修改建

議時糾纏細節，且矛盾重重；三是用下命令的方式逼人服從。後果可想而知。但是甲方也覺得自己很委屈，因為方案的確不符合要求，不改甲方也沒法交差。

—小訣竅— 尊重專業，達成共識

還拿上面這個案例來說，設計師是一個仰仗創意的職業，讓他們帶著痛苦的情緒或受迫的感覺去工作，就會影響工作品質。所以，我們要學會「無痛」勸導設計師修改方案的方法。

克制直接表達主觀感受的衝動

什麼叫主觀感受呢？它有標誌性的「三個字」特徵——「我覺得」。

「我覺得不好看。」
「我覺得不大氣。」
「我覺得不夠有內涵。」……

通常設計師心中的反彈會是：「你覺得不好看，但別人可能覺得好看啊！你覺得不大氣，你又不是專業設計人士，你的審美靠譜嗎？」

討論一旦落到主觀判斷領域，我們和設計師就很容易陷入各說各話的爭執。而且，在我們沒有撕破臉表示不改不給錢的情況下，設計師完全可以用自己在設計領域的豐富經驗把我們說得無話可說。更何況，主觀感受通常十分模糊，缺乏能夠準確傳遞想法的資訊媒介。試想，如果上司或合作夥伴只知道跟我們說：「我覺得你這個方案不太行啊。」我們能瞬間準確地捕捉到他們話中的要旨嗎？所以，初步接觸一個設計方案，就算再不滿意也要沉住氣，把主觀上的不滿意細化成客觀和具體的問題。這樣，設計師才能得到修改的線索，才能進行下一步的討論。

比如，設計師交來網站改版方案，可是我們覺得「土土的」，這個「土土的」就是一個模糊的主觀感受，聽了不僅不知道問題在哪裡，還會讓人有一種無端被指責的感覺。我們應該跟自己印象中那些「不土」的設計進行比較，並告訴設計師，是字體太過古板和常規，還是配色太沉悶，抑或是排版太密集。就算在腦海中搜索不到什麼可以對比的案例或進行描述的詞語，我們還可以上網搜索一下類似的設計，以供設計師捕捉我們的想法。

為了更好地設計方案，這點兒功課還是值得做的，而且還能向設計師傳遞出我們的友好和誠意。但是請注意，我們所說的具體看法只是要求盡量多提供一點兒細節，而不等同於要提供專業意見。

提出抽象需求，而不是具體要求

需求和要求的區別在於，需求是整個設計專案應該達到的總體目標，比如，塑造有親和力的品牌形象、提升某個連結的點擊率，或者是吸引使用者在頁面停留等。要求則是指對設計方案中某個細節的具體安排，比如，背景顏色要是白色，標題要使用宋體，或者logo要大等。

我們要知道，設計師總是傾向於迴避問題和拒絕修改的，這是人之常情。所以我們提問題的時候不具體，就容易因為失焦而被迴避。但說到修改建議的時候，我們如果陷入細節的糾纏，不僅會捆綁設計師的手腳，導致最後的修改方案偏離應有的軌道，還會給我們彼此的溝通帶來很多摩擦。說個真實案例。

有一位設計師，把「五四」青年節的專題配色搞成了黑色。編輯就不高興了，說：「青年節的主題色怎麼能是喪禮黑呢，必須給我改成綠色。」設計師同事立刻反駁說：「綠色不好，青年節怎麼能變綠帽節？」於是，兩人就黑色和綠色哪個更不吉利爭論了起來。

實際上，編輯完全可以只講內容需求，編輯可以這樣說：

「今年『五四』青年節的主題跟環保與社會責任結合得比較緊密。你做的這個黑色是挺有個性的，現在的年輕人也挺喜歡黑色，但和咱們這個設計的主題有些不太吻合。你能不能建議一些可以實現這個需求的方案呢？」

然後，等設計師羅列出什麼橙色、藍色、綠色的時候，我們再從裡面挑出綠色說：「我覺得你用的這個綠色就挺好，不如咱試試？」

同樣都是改成綠色，與其直接要求設計師改，不如讓設計師提供可行性方案讓我們來挑。採取後一種溝通方式，設計師改起來一定痛快得多。當然，我們也不排除可能提出一個設計師也很認同的修改方案。這裡的關鍵不是誰來提方案，而是彼此之間要認同。

不要下命令，要嘗試在探討中達成共識

做為甲方或合作方的上游，面對設計師或其他合作方，最終的話語權其實是在我們手裡的，這一點毋庸置疑。所以，把一部分話語權交給設計師，設計師不僅會對我們心存感激，而且更傾向於做出對我們有利的決定。如果我們希望設計師不是推一下、動一下的做事風格，那就把權力交給他，這樣，才可能啟動設計師的創意和潛力。

—使用注意—

所有和專業人士的溝通交流都建立在前期明確傳達需求的基礎上，掌握說服技巧的同時，

我們更需要在前期溝通上多付出一些努力，將方案需求描述得更清楚，甚至透過提前熟悉對方領域或找類似風格作品等方式向對方傳達需求，避免後期反覆修改的麻煩。

常用句型

- 你做的這個方案也挺不錯的，只是和這次的要求有一點出入，你能不能根據這次的主題建議一些新的方案呢？
- 你覺得這個配色方案怎麼樣？要不咱們試試？

如何鼓勵不求上進之人

──典型錯誤──不懂人心，再多激勵也無力

我們周圍都有這樣的朋友，他們看起來有氣無力的，日子也過得渾渾噩噩，看著就讓人覺得不踏實。身為朋友，遇到這種情況不能不勸。可是，每個人的生活狀態都是自己選擇的，我們就算想勸，又該怎麼開口呢？

在很多人的想像中，勸導一個沒什麼上進心的人可以採用這些方法：

針對普通青年——打雞血，說類似「加油」「努力」「不要害怕失敗」的話。

針對文藝青年——喝雞湯，說類似「你可以成為一個更好的人」的話。

針對不務正業者——罵人，說類似「瞧你這樣，沒出息」「你看隔壁老王混得多好，再看看你自己」的話。

然而事實上，這些招數拿來對付自己可能還行，用來鼓勵別人，別人用一句「我只想做個平凡人」就能把我們噎得接不上話。「做個平凡人」這種話有很多變體，比如「我想做自己」「那些不是我想要的」「每個人都有自己的選擇」等，遇到這些說法，我們可能會覺得這個人沒救啦。但歸根結柢，誤解在於我們其實並不知道，這些看起來「不求上進」的人心裡究竟需要的是什麼。

——小訣竅—— 針對不求上進者心理的三步搶救法

降低對方對結果的恐懼

能說出「我不想那麼努力，就想做個平凡人」的人，其實是出於防禦心理。因為「不努力」往往是一個人最後的安全區——遇到挫折，他們會想：這不是我的問題，只是因為我還沒認真對待、還沒開始努力罷了。

人們都喜歡說「別怕失敗」，但往往不懂，真正令人害怕的不是失敗這個結果，而是「我怎麼努力也沒有用」這個結論。因為這是對一個人更全面、更徹底的否定。所以，要鼓勵那些不求上進的人，第一步應該是消除他們對後果的恐懼，只有這樣，他們才可能走出安全區。

比如，對於一個成績不好也不努力的孩子，我們不要跟他說「考上大學很重要」「只要努力就一定能考上大學」這樣的話，那只會加深他的恐懼，他會想：「萬一努力了也沒考上呢？那樣我不僅人生完蛋，我這個人也一無是處了。」

我們應該這樣說：

「有考試，就有人得第一，也會有人墊底。即便結果不如意，也未必是你的問題，可能是運氣，可能是環境，也可能是別的什麼原因。總之，考不好不意味著對你個人的否定。很多人說什麼一考定終身，你別信！」

有人會擔心，這樣說會讓孩子徹底放鬆、不去學習了吧？其實不會，相反，他很有可能會放下原本對努力學習的抵觸和抗拒。

用可能性代替目的性

眾所周知，目標有實現不了的風險，但可能性就沒有這個問題。爬不上聖母峰，這是目標沒實現，但是路上你總能欣賞到各種不同的風景吧，這就是可能性的擴展。後者比前者更誘人，壓力也會小得多。

此外，目標會讓人覺得乏味，可能性才更有想像空間。實際上，你扳著指頭數一下人生目標的種類，不外乎這麼幾種：考上好大學，進間好公司，升職加薪，理財買房，最多再加上嫁給「高帥富」或者迎娶「白富美」。想想看，這樣的目標確實挺單調。

而一般人都不太願意直接模仿別人的成功路徑，因為那樣即便獲得成就，也會覺得那不是自己的。所以，鼓勵人的時候最忌諱的就是做比較，他們會覺得：「我不想做別人的追隨者，我寧願跟他保持差距，這樣至少可以說我們是完全不一樣的人。」

所以，我們應該順應這種心理，對當事人說：「你不要去做隔壁那個家財萬貫的老王，你人生的可能性至於這麼狹窄嗎？你的潛力那麼大，只要你願意，完全可以做點別的有意思的事兒嘛。」不用擔心這會讓他不務正業。當一個人真的打起精神要幹點啥的時候，他的選擇不會太多，畢竟「條條大路通羅馬」嘛！

營造願景而不下指令

有人可能會問，剛用「可能性代替了目的性」，怎麼又要找目標了？這一步是說，之前的目標之所以要被換掉，是因為它要麼來自我們的灌輸，要麼來自外界的參照系；現在我們說的目標，是他自己的選擇，嚴格來說是「願景」。

《小王子》的作者安東尼．聖修伯里說過：「如果你想造一艘船，不要抓一批人來蒐集材料，不要指揮他們做這個、做那個，你只要讓他們渴望浩瀚的大海就行了。」人都是這樣的，我們越要他去做什麼，他就越不樂意去做什麼；但如果我們談的不是去做什麼，而是去玩什麼、吃什麼、享受什麼，他不僅樂意聽，還可能為了實現這些願景而去嘗試、去努力。

比如我們《好好說話》的主創邱晨，小時候特別害怕說錯話，所以很討厭跟人說話和舉手發言，在課堂上老師都點名字了，就是不肯站起來。老師鼓勵說：「要努力啊，不然不會講話以後怎麼跟人交流、怎麼生活？」可是邱晨根本不在乎。

而邱晨的爸爸就不這麼勸，直接給她看國際大學生辯論賽。因為那個時候娛樂也不多，有電視看總是高興的。爸爸陪邱晨一邊看，一邊誇裡邊的辯手，而且他不是誇他們厲害，而是誇他們的生活有意思。比如，他們可以去新加坡；他們可以穿西裝而不是校服；他們旁徵博引啥都知道，是不是看過很多奇奇怪怪的動畫片，等等。

邱晨當時喜歡看動畫片，但從沒出過國，而且校服是黃綠兩色那種比較醜的搭配，所以她非常羨慕那些辯手的生活。直到很多年後，邱晨才發現被騙了，因為新加坡不好玩，西裝不好穿，打辯論賽也沒時間看動畫片。但是，這些已經不重要了。

邱晨爸爸曾對她說：「妳是不是熱衷於舉手發言，我是無所謂啦，那是你們老師的事兒。我覺得，妳也不需要當蔣昌建那樣的好辯手……只是，他們做的事好像還挺好玩的，可以去很多地方、見很多有趣的人，妳要不要也試試呢？不過是說說話而已嘛。」

後來的事兒大家都知道，邱晨不僅成為一位身經百戰的辯手，而且還拿到了第二屆《奇葩說》的冠軍。

—使用注意—

很多企業家在激勵員工時也會營造願景，但聽起來會特別像開空頭支票。因為他們動不動就用公司上市、財務自由來唬弄薪資不高的員工，讓員工無償為公司瘋狂加班。而這其中的區別就在於，願景應該是感召，而非承諾；激勵的本質應該是對個體可能性的探索，而不是鼓吹甚至脅迫人完成任務的工具。所以，在使用營造願景這種方法的時候要特別注意。

常用句型

●就算……也不會怎麼樣嘛！

講好處之前，先削弱後果的嚴重性。採用這種句式，可以削弱不求上進者的畏懼心理，免除後顧之憂，讓他們願意一試。

●我倒覺得你是能做到很多事的，未必要像他……那樣。

用「未必要這樣」「誰說非如此不可」之類的講法，反其道而行之地否定標的，用可能性代替目的性，增加對方對你勸說的接受度。

●哎，這樣……也挺有意思的嘛！

不做任何明確的勸導，避開「你應該如何」「我覺得如何」這樣帶有明確誘導性的表述，而僅僅是看似客觀地描摹一個願景，引起對方的興趣。

創造壓力，改變雙方立場

沒有什麼會比同仇敵愾的情感更能夠拉近我們跟對方之間的距離。而創造壓力，就是將雙方之間原本對立的立場轉變為一致對外。說服，不只是語言，更是一種策略，當情勢改變了，人與人之間既有的利益關係與情勢、姿態也會隨之改變。

訴諸外部壓力進行說服

——場景——和上司有不同意見

在職場中，我們有些時候總會在某些事情上與上司意見相左，面對和自己意見不同的上司，該如何勸說他轉變看法，就成為每個職場人可能都會面臨的大問題。舉個例子：

某上司安排了一次全部門的集體出遊。員工小李是一位耿直的同事，做為經費管控方，他發現如果按照上司的計畫實施，那麼很可能下半年預算會超標。小李應該怎麼辦呢？

最簡單的辦法好像就是直說——預算不足，下半年財務壓力太大，計畫應該取消。這樣說，看似剛正不阿、無可指摘，可是我們有沒有想過，這個時候上司要怎麼答覆？是承認自己的想法不對，因為小李施加壓力而改變計畫嗎？那誰是上司呢？對於那些愛面子的上司，這樣直接提出和他對著幹的意見，為了樹立權威，他就算明知道這個意見是對的，也會否定掉。

一般人在勸說或說服別人的過程中很容易陷入一種錯誤，那就是讓對方直接感受到來自我們的壓力，比如像這樣當面直接指出別人的問題。很多人以為，有壓力才有動力，不給點壓力對方怎麼會改變想法？但是我們要知道，因為說話的人是我們，所以這個壓力也往往會被理解成來自我們，這樣會更容易激發對方的逆反心理。於是，對方很有可能跟我們槓上了，這樣反而起不到說服的效果。那麼，該怎麼提出意見，才能不會引發逆反，又能說服上司呢？

─小訣竅─ 讓客觀壓力來自外部

塑造共同的敵人，可以免傷和氣

事實上，管理者最在意的是權力的完整性和安全感。所以，要給他們壓力，不是不可以，但是要「訴諸外部壓力」。也就是說，把壓力的源頭轉移到外部去，塑造一個共同的外部敵人，讓自己和自己要說服的對象永遠處於同一陣線，這樣，我們的說服對象就會更容易接受我們的建議。

以下運用這個方法來分析上面這個例子。

使用「訴諸外部壓力」的方法，我們完全可以不必自己出頭，而是跟上司說：

「哦？要出去玩？好啊好啊！大家都好久沒出去玩了，趁機增進一下感情也挺好。不過，最近財務部盯著各部門預算特別緊，咱們要是超支就麻煩了。他們找我還好說，咱絕大部分的開銷都是業務支出，但要是具體問到這一次集體出行……您說，咱怎麼應對財務部那邊呢？」

這樣說至少有兩個好處。首先，因為我們是在客觀描述來自外部的壓力，所以即使上司最終接受了這個意見，也不會有「被你給說服了」的不適感，他會覺得這是他自己根據你提供的外部資訊做出了一個新的決定。其次，由於塑造出了財務部這個共同的「敵人」，我們在這個場景中不再是意見和上司相左的反對者，而是與上司共同面對財務部審核壓力的自己人，這樣，就會降低接下來的交流中可能帶出的敵意。

總之，很多時候，說服別人不等於直言相告，而是需要訴諸外部壓力，讓共同的敵人為我們完成說服的過程，這才是更好的方法。這種方法看似迂迴，但是降低了表達中的對抗意識，很可能事半功倍。

化主觀意見為客觀壓力，讓對方更容易接受我們的意見

金庸筆下的韋小寶就用過這招。

他奉命去勸已經出家的順治皇帝離開修行地躲避危險。一開始他表明身分直言相勸，對方直接冷著臉拒絕，他自己也討了個沒趣。後來他靈機一動，栩栩如生地描述了一個莫須有的陰謀，跟皇上說：

「咱們需要出去躲避，免得遭了毒手。」

說來也奇怪，順治帝突然覺得很有道理，說：「幸虧得你點破，否則當真壞了大事。」

為什麼有這樣的變化呢？就是因為前一種情況是：「我告訴你，你這樣下去會受害，所以我希望你離開」；而後一種情況是：「聽人家說，有壞人要害咱們，咱們得一起離開」。很顯然，後一種情況更加客觀，接受起來才比較不丟面子。

這一招不僅對上級有用，對下屬一樣有效。

胡漸彪每次想讓隊員放棄娛樂去加班的時候，從不直接說出自己的要求，比如他會講：

「邱晨啊，合作方那邊又來催了，還說咱們再不搞定就要重新考慮合作計畫了。不然，咱們今晚加加班、努努力，把它做出來？」

這話一出，誰還能埋怨和拒絕；要拒絕，也只是表達對合作方不合理要求的拒絕，總之，不會傷了我們團隊的和氣。

—使用注意—

如果我們是「需要被說服」的一方，聽到人家勸自己的時候，不說「你該怎樣」，而說「我們該怎樣」，我們也應該敏銳地意識到，人家在有意識或無意識地採用訴諸外部壓力的方式。不過這時候可別拆穿人家，人家是出於善意，是不想傷了和氣，而且還花了心思、選了措詞。所以，我們不妨也好好說話來回饋人家的良苦用心。

常用句型

●我們這樣做，○○方面的壓力會很大啊！

把「我」換成「我們」，在外部壓力面前顯示我們是同一陣營。

營造機不可失的時間緊迫感

──典型錯誤── 盡快？那編個誇張點的故事吧

我們常常會遇到這樣一種情況，那就是需要說服他人做一個自己想要的決定。小到男孩希望第一次遇到的女孩能給個連繫方式，大到某些國家財團的說客去遊說國會議員改變他們的提案。然而，畢竟每個人想法多多少少會有不同，想要說服另一個人做出一個你需要的決定，不會是一件容易的事情。

很多人到了真正需要說服對方做決定的時候，往往會因為沒有思路而慌不擇法，試圖用各種誇張的手段、理由、藉口把事情往前推進。

舉個例子。假如我們在一家咖啡店見到一個女孩，一眼就覺得她是自己心目中的女神，此時我們要怎麼上前跟對方要電話，成功的機率才會比較大呢？我們做過調查，答案不外乎以下幾種：

- 假扮成咖啡店的店員，請女孩填寫問卷，順便留下連繫方式。
- 假裝自己手機遺失了，去跟女孩借電話撥打找尋，借機留下連繫方式。

●直接對女孩說，自己有個朋友想和女孩交朋友，所以想代替朋友來問女孩的連繫方式。

聽到這些答案，給人的感覺就是現在的人偶像劇看太多了。仔細分析不難發現，我們之所以去要女孩電話，目的絕對不是只想要電話號碼而已，而是想要有進一步的發展。那麼，如果我們一開始就假扮自己是咖啡店的店員、假裝自己手機遺失了或者代替朋友來問電話，陷入這種「為了謀求盡快就無所不用其極」的誤解，那之後，也就是我們進一步認識後，該如何發展呢？

而排除這些未及細想的思路之後，大多數人的選項也就只剩下直接走過去跟女生說：「你好，我很想跟你做個朋友，可以留個連繫方式嗎？」這不是不行，因為沒什麼技術含量。

—小訣竅— 讓時間緊迫感幫你完成說服

現在，我們來分享一個常被用到的技巧——緊迫感。

在做決策的時候，我們的大腦對於那些稍縱即逝的機會、對於那些很有可能會一去不返的事物總是特別敏感。

比如，有個平常交情也就一般的同學，沒什麼事大家也不會特別約出來見面。但突然聽說他要出國了，以後再也不回來了，在送別之際我們就會感受到特別依依不捨，「同窗三年，緣分不淺，以後大家一定要常連絡啊！」

又比如我們常見的電視購物頻道，主持人常常一邊在搞特價，一邊在螢幕邊上打出一個倒數計時碼表，這是告訴我們最後的折扣時間，大家一定要把握。

同樣的道理，用在之前的案例中，或許我們可以這麼說：

「小姐，不好意思，我剛才一見到你，就覺得對你很著迷，很想跟你再進一步認識。但可惜我現在有事在身，不得不趕著離開，所以如果你不介意的話，可以給我一個連繫方式嗎？」

當一個女孩看到你的時候，她腦中面對兩種可能：要麼是個好男孩，要麼很不怎麼樣。所以在通常狀況下，人的大腦會偷懶，它會試著用最省事的方法——先不給你電話，而是要看看你的行為和表現，等判斷清楚之後再決定下一步，這叫作「決策延遲」。

在這個案例中，在已經說出自己即將離開，所以如果不給連繫方式之後就再也見不到的時候，女孩面對的選擇就發生了變化：如果這個男孩不怎麼樣，即使給了連繫方式也沒關係，大不了再拉黑嘛；但萬一眼前這個男孩就是自己的真命天子，那現在不給電話以後就再也連繫不到了。此時在時間的緊迫感下，人的大腦往往會從偷懶模式切換到安全模式，即用最保險的方法提前做決策——先留個電話再說。

可見，這種利用時間的緊迫感的方法，用在決策上，往往透過輕輕推對方一把，就可以達到臨門一腳的效果。

—使用注意—

如果你以為這種說服技巧只能用來向女生要電話，那就太大材小用了。事實上，它是教你用一些很小，但卻很明確的元素，重新組裝我們的論點與資訊來促進改變的可能。所以，在學會這個溝通技巧之後要試著舉一反三，觀察一下身邊的資訊與對話，有哪些是可以進一步用到這些技巧的，又有哪些技巧是人家已經在用來對付我們了。如此，每天你得到的每一點進步，都會彙聚成人生的智慧錦囊。

常用句型

- **我很希望……但是因為時間緊急，我必須要離開了，所以可以請你……嗎？**

明確表達意圖，講清時間緊迫，讓外在的急迫性幫助你促使對方下決定。

- **我完全沒有要催你做決定的意思，只不過這個機會很快就沒有了，所以我必須跟你講**

清楚這個東西的珍貴性。

強調自己沒有催促的意思，避免對方產生逆反心理。盡可能採用「這件事情如何如何」「這個機會如何如何」等中立化的表述，讓對方感受到急迫性帶來的壓力。

透過把人「架起來」達到勸說目的

——場景—— 勸人做本來不想做的事

生活中我們總會遇到這樣的情況，酒桌上想向朋友敬酒，對方不想喝；有事情需要找朋友幫忙，但朋友卻面露難色；銷售人員想向客戶推薦產品，但客戶還沒有下定決心。這時我們該怎麼說才能既不會讓對方覺得不舒服，又能讓對方接受自己的提議呢？

——小訣竅—— 把人「架起來」

把人「架起來」的方法，說白了，就是先給對方戴上一頂高帽子，表示對方境界高、水準高，再順理成章地提出建議。舉個例子：

奢侈品店裡那些有經驗的銷售人員，看到顧客在挑選一款新款名牌包的時候，往往會不失時機地這樣恭維：

「小姐，看您的穿著很有品味，您對包包應該比我更懂行，您肯定也知道這是最流行的新款，不如今天就把它背回家試試？」

再比如，鋼筆廣告裡會出現這樣的文字：「經常書寫的您，比我們更懂，一支書寫流暢的鋼筆到底有多重要。」

這些都透過把顧客抬高，以此來降低我們對其觀點的認同門檻。這些就是在運用「把人架起來」的方法：先是告訴對方「您比我更懂時尚」，再順水推舟說：「我都知道這一款非常流行了，您會不知道嗎？」這時候，就算是顧客真的對時尚不太清楚，也往往會點點頭回答：「當然啦！」從而主動套入銷售人員架起來的「時尚達人」的形象。

這種說話技巧的核心，就是主動發現並拔高對方的價值，一方面，讓對方在恭維中態度有所軟化；另一方面，也促使對方在戴上高帽之後採納我們的觀點。

《三國演義》裡有個故事，也是這方面的典型案例。

赤壁之戰在即，諸葛亮遊說孫權共同對抗曹操。舌戰群儒中，諸葛亮先是提到自己的主公劉備只有「數千仁義之師」，依然不願投降，堅持對抗曹操；又誇讚東吳「兵精糧足」，還能依仗長江天險；最後提出自己的建議——孫權和劉備聯手對抗曹操。這就如同說：你們兵多糧足，地理位置也如此險要，如果還是要投降，不是會被天下恥笑嗎？

這是先拿自己的實力做對比，表示自己實力不足依然不放棄；再給對方戴高帽，表示對方遠遠高於自己；最後提出勸說「共同抗曹」，最終促成了孫劉聯盟。

—使用注意—

「架起來」不是憑空的，最好有個對比。比如計程車司機經常會跟你吐槽別的乘客如何如何，就是為了給出一個具體的比較對象，讓你不好意思拒絕他的某些要求。還要注意的是，「架起來」一定要架到合適的高度，太高或者太低都不能達到說服別人的目的。比如售貨員說你長得比看板上的林志玲還好看，太適合這件衣服了，你聽了也不會信以為真；他要是說你長得比鳳姐好看，很合適這件衣服，你又會覺得他在嘲諷你。所以，架到什麼位置很重要。

常用句型

- 您眼光真好，不會看不出這裡的好處吧？
- 我聽說○○地方的人都很豪爽，您總不會計較這些吧？

04 談判

把衝突變成合作

所謂談判，就是在不可忍受的僵局下，交換評價不相同的事物。在這句簡單的描述裡，有幾個關鍵點。

首先，談判起於僵局，且必然發生於「不可忍受的僵局」。所以，如果僵局不存在，或是其中一方覺得僵局還可以忍受，則談判就不會發生。

其次，談判的本質就是交換，且主要交換的乃是雙方評價不相同的事物。而如何在一個既有的僵局中，為彼此創造出各種評價不同的事物以供協商與交換，就是所有談判的精髓所在。

蒐集情報的便捷方式

每個人都知道，在談判中和在戰爭中一樣，也需「知彼知己，百戰不殆」。所以，在面對關係重大的正式談判時，雙方往往都會在事前投入極大的成本蒐集可用情報。

但對一般人來說，生活中面對的往往都是小談判，對此，我們不太可能投入過多的資訊成本，也沒空去搞那麼多爾虞我詐的諜報戰，所以我們需要更便捷的方式來獲取資訊。

旁敲側擊地打探消息

—典型錯誤— 小談判，蒐集資訊太麻煩，不如算了

面對小型談判，許多人性子特別急，只想著速戰速決，一坐下來，就招呼大家趕緊進入正題，行不行給個痛快話，恨不得立刻談出個結論。至於資訊不足的問題，他們往往會想：嗐，

殺雞焉用牛刀，反正利益不大，何必那麼麻煩呢？

同時，談判中有些老江湖，在打聽消息方面都有一種特別的本事。在談判之前，他們從不貿然進入主題，而是以暖身的姿態跟大家聊起天，貌似不經意地拋出些不痛不癢的問題，看起來只是隨便問問，甚至還讓我們覺得噓寒問暖、特別貼心，但是回過頭來一想，我們的很多關鍵資訊早就被他們摸得一清二楚了。

相比之下，後者做起事來，更容易在談判中積小勝為大勝。

─小訣竅─ 三種常見的問句

所謂的談判高手也沒有什麼超能力，他們只是透過一些看似無關痛癢的小問題迂迴地得到了他們想要的結果。我們今天就來分析幾類常見的句型。

第一類：「您是怎麼知道我們的？」

首先要明確一個觀念：資訊的來源很可能比資訊本身更重要。比如，餐廳請顧客填寫的問卷調查裡，經常有一項：「你是從哪裡知道我們這家店的？」這裡的選項可能包括廣告、傳單、朋友推薦、雜誌報導等，而由顧客勾選的比例就可以判斷出對這家餐廳而言，有哪些廣告投放是有效果的，有哪些雜誌採訪是無意義的，又有哪些群體是在背後為自己做口碑的。

再舉個例子，經常有人邀請黃執中去做企業內部的培訓。寒暄客氣之餘，黃老師總會貌似閒聊地問一句：

「嗯，感謝您的邀請，但我很好奇，你們是怎麼知道我這些課的呢？」

有時候，對方的回答是：「因為我們上網查了一下，見到了您在○○的演講，覺得很好，所以特別來邀請您。」由此，執中就可以知道他之前在哪些地方的口碑能產生什麼樣的效果，也能就此判斷出對方目前所得到的印象是什麼。

而如果對方的答覆是：「因為我們有個上司之前在○○參加過黃老師的講座，覺得收穫很大，所以回來後希望可以在公司內部也辦一場，讓我們也參與一下。」此時，執中就可以知道這次的邀請基本上是上級交辦，對方有必須談成的壓力，那在開價方面就不妨稍微硬氣一點。

可見，「從哪裡知道這個資訊」的問句，本身就是一條含金量特別高的資訊。

第二類：「在這方面，你們之前做過的最大的案子是多少？」

這類問題表面上是在聊過往的工作資歷，分享一下甘苦，但事實上，卻能從中探知一項極為重要的資訊——對這類案子，你們最多出過多少錢？

像這種問題，對方沒有什麼理由拒絕回答，他既不能迴避說「我們以前沒做過這種案子」，也不方便刻意壓低價格，說之前做的案子都不貴，因為這樣都會顯得自己沒見過世面。與此同時，只要跟他談起一個「我們做過最大的金額是多少」的案例，那麼之後談起價格時，雙方在心理上無形中就會建立起一個比較高的參照系。而我們在開價時，也可以比較容易衡量自身條件，做出合理的預期，不致過高或過低。

因此，我們每逢受邀為企業辦講座，遇到雙方初次合作、價格還在摸索期的情況，通常都會先跟對方聊聊：「企業培訓，你們這方面累積了不少經驗吧？」「之前你們經手過最大型的培訓是怎樣一個投入規模啊？」

第三類：「按照這樣的條件，我給您推薦別人好不好？」

假如對方請我們去講座，談來談去條件都談不攏，在談判的中場休息時，我們便不妨以聊天的態度談起：「以這樣的條件來說啊，要不然，我推薦〇〇來幫你們培訓好不好？他們也很不錯的。」

這個問題軟中帶硬，衝突性沒那麼強，善意也夠。與此同時，還充分表現出自己在專業領域中難以被輕易取代的自信，抬高了身價。通常對方聽到這樣的話，反而會更希望能跟我們合作，就算這次談不成，等他們以後預算足夠，再回頭的機會也很大。

更重要的是，所謂「買賣不成仁義在」。透過這句話，其實我們賣了兩個人情：一是客戶可能真有難處，那在條件談不攏的時候，這次幫他牽個線，就等於留下了個好印象；二是無論成與不成，我們所推薦的那個人（或機構），事後在知道了我們的有心介紹後，往往都會領情。

─使用注意─

在大規模的正式談判中，由於蒐集資訊的效益高、管道多，所以人們相對比較願意做功課，事前的投入也多，此時，就不太能用得到這些「旁敲側擊」的小技巧。

所以在使用以上技巧時，你要知道它就像一把輕便的小刀，專門應對那種資訊不足的臨時性談判。別因為學會了這幾招就想偷懶，拿它代替你該有的正式刀具。

常用句型

●您是怎麼知道我們的？
●在這方面，貴方之前最大的訂單是多少？
●按照您的條件，我推薦別人好不好？

用「糾正式引導」來獲取資訊

——難題——如何在對話中獲取我們想要的資訊

很多人在想要探聽消息的時候總會想：別人又不知道我想打聽這事，如果不直接問出來，他們怎麼會說呢？但是他們卻忽略了一個事實：很多資訊之所以需要透過某種手段來獲取，很可能就是因為平常人們不願意直接說，那麼，你就算問得再清楚明白，也是得不到答案的。這就陷入了迷思。

舉例來說。如果今天我們有一個機會，私底下約了同事小王，我們跟她聊天的時候向她打聽：「王姐，不知道高老師平常私底下的個性到底是怎麼樣啊，能不能透露一點？」小王通常在這種情況是什麼都不會講的，因為面對一個不是很熟的外人，只不過聊聊天，就要來打聽她好朋友的私生活，這種情況下怎麼能隨便跟人說呢？

——小訣竅——「糾正式引導」的資訊獲取方法

大多數情況下，我們只能試著在平時的對話交談中去挖掘出那些對我們來說重要的資訊。這時候，就需要用對話引導的方法。

所謂對話引導，就是做為說話人，用某些暗示或策略來引導我們的聽眾怎麼去想、怎麼行動，從而達到我們獲取資訊的目的。

運用對方的糾正心理獲取資訊

人類有一個壞毛病，就是非常喜歡去糾正別人。孟子早在兩千多年前就說過：「人之患，在好為人師。」不過，借用這種喜歡糾正別人的心理，我們往往可以很有效地去引導別人吐露我們想要的資訊。

在剛才提到過的案例中，我們把剛才那句話換一種說法：

「王姐啊，我前陣子聽了高老師的課，哎呀，講得實在是太好了，我相信高老師這種人私底下一定也是這樣成熟、認真、穩重和睿智。妳能當她的閨密，實在是好羨慕哦！」

這時候，小王一定忍不住吐露一些你不知道的資訊。

這就是所謂的糾正式引導，也就是我們與其去問對方，還不如給對方一個貌似肯定的答案，引導對方來糾正我們。而在糾正我們的過程中，對方就不得不透露出更多的細節與更多的資訊，以證明自己是對的。

注意我們的態度和語調

既然是糾正式引導，那麼最大的關鍵就是如何誘使對方來糾正我們，所以在說話的時候，我們提出來的觀點一定要表現出自信滿滿、「我早就知道」「我告訴你」「我很清楚」的態度。比如，《福爾摩斯探案集》裡有一篇叫《藍寶石》。

在調查案件的時候，福爾摩斯為了了解一隻鵝的來源，故意拿出五英鎊跑去跟酒店主人打賭，說：「我敢保證你店裡賣的鵝一定是在當地農村餵養大的。」不僅如此，福爾摩斯甚至用一種極為挑釁的態度說：「別說了，我知道我一定是對的，之所以跟你打這個賭，只是要告訴你別那麼固執己見。」

一聽到這裡，酒店主人忍不住了，他攤開記帳本，對著福爾摩斯仔仔細細地跟他證明這只鵝是從哪裡來的。事後，福爾摩斯跟華生說：「當時，就算我給酒店主人一百英鎊，他所提供的資訊也不會像跟他打賭的時候那樣詳盡。」

在這裡，福爾摩斯用的就是典型的糾正式引導，從中我們也可以發現這種方法的有效性。

將資訊獲取的效益進一步擴大

在糾正式引導中還有一個祕訣，那就是適度的反抗，它的有效運用有可能讓你獲取更進一步的資訊。繼續使用之前的案例：

假如我們和小王說高老師是個成熟、穩重的人，結果小王卻吐槽了高老師一大堆糗事。如果我們接下來的態度立刻就認輸了，說：「哎呀，王姐，沒想到高老師是這樣的人，真是知人知面不知心啊！」這時，小王肯定不會再繼續說了，你想知道的資訊也就斷了。因為小王覺得，關於高老師的個性她已經糾正我們之前的觀點了，那就夠了，這個話題當然就不用再繼續了。可是如果在這個關鍵時刻，我們做出適度的反抗，那結果會變成什麼樣呢？

在小王爆料了高老師一大堆糗事兒之後，我們竟然反駁她：

「王姐啊，你這樣說就不對了，我也和高老師打過兩次交道，我覺得她私底下也很成熟、穩重啊。」

這句話一出口，絕對就像一根針一樣，會砰的一下爆發小王下一波的吐槽，她就會提供更多有關高老師的資訊給我們。善於運用這種適度的反抗，就能從對方嘴裡套取更多資訊。

—使用注意—

當我們採取適度的反抗，以圖獲取更進一步資訊的時候，要注意反抗不能過量，否則有可能會引起兩種反效果：

第一，當我們聲嘶力竭地予以辯護，對方心裡就會想：只是聊聊天而已。何必這麼激動？於是對方肯定也就順著我們的辯護草草結束對話。

第二，對方看到我們如此積極反抗，也有可能心中一驚：「他為什麼反應那麼劇烈？是不是我剛才講太多了？看來我還是轉移話題吧。」

這兩種反效果狀況，就是因為我們反彈過大，反而讓對方終止提供資訊。學會了這種方法，我們在交談時面對他人提出的不同意見更要在心中明確原則、保持警惕，不要為了糾正對方而說出本不該吐露的資訊，犯了孟子所說的「好為人師」的毛病。畢竟，最終需要為我們說出的話負責的不是別人，正是我們自己。

常用句型

●我聽說……我就覺得肯定是這樣的，畢竟……對吧？（或「難道不是嗎？」）

在提出觀點時故意跟一句提問，讓對方至少得禮貌性地予以回應、發表觀點；同時，採用「道聽途說」一類不靠譜的藉口，讓自己的觀點顯得容易被攻擊，引起他人「糾正」的欲望。

●我就知道是這樣的，不會再有別的可能了（或「沒的跑」）。

語氣上用自信滿滿的斷言，讓對方產生想要糾正的念頭。

●咦，真的嗎？那可是我聽到的（或「上次那件事情……」）。

在使用適當反抗策略的時候，盡可能用中立的口吻，只敘述「我聽到的部分」和「對方說的部分」的矛盾，引起對方進一步糾正的欲望；但盡量不要提及自己的觀點，避免引起兩個人之間的直接對立。

如何向老闆提加薪

——典型錯誤——乞求派與威脅派

每個職場人都希望獲得升職加薪的機會。如果在一家考核制度比較完整的公司工作，我們其實不需要開口要求漲工資；但大多數人其實都在中小型企業上班，加薪這事兒，如果不向老闆張口，那還真就不會發生。如何與老闆談加薪，自然就成為每一個職場人士的必修課。

常見套路不外乎兩類：

第一類就是所謂的乞求派，他們會把自己這一年有多辛勞、自己的財務狀況有多慘悉數羅列。簡單來說，這一派的方法就是「求打賞」。

第二類就是所謂的威脅派，即擺出「我現在很不爽」「我被虧待很久了」的姿態，大有「不給我加工資我就離職」的架勢。

在職場中，這兩種套路都不可取。因為用乞求的方法，我們就是在把加薪這件事情變成老闆對自己的同情打賞，不僅自己憋屈，而且還太依賴老闆的人品和心情；而用威脅的方法風險太大，因為這明顯擺出了「不加工資就離職」的姿態，萬一老闆死活不加，我們怎麼下臺？就算他這次被你威脅給你加了薪，日後也肯定對你心有芥蒂。

歸根到底，這兩個方法都是把談判的基礎寄託在老闆的人品上，而這在談判裡是最吃虧的處境。在一場談判中，最怕的是我們把最終決定權完全交給了對方，而這兩種做法，恰好就把自己和對方談判的權力態勢變得太過一面倒了。

──小訣竅── 用確認標準獲取主動

第一步：確認加薪標準

這是這套談判話術裡最重要的一步。以一場加薪對話為例：

方案1：

員工：「老闆，我希望加薪，可不可以？」

老闆：「讓我先想想。」

員工：「為什麼還要考慮呢？我有什麼做得不好的地方嗎？」

方案1中，員工的問話方式很容易被擋回去，就算老闆不使用拖延術，他也可以很輕易地否定員工的要求。因為每個人在工作中總有犯錯或者做得不好的地方，只要老闆隨便挑出一個毛病，就可以順利拒絕你的加薪請求。這時你能怎樣？如果和他開始爭執，那這場談判很可能就會變成不愉快的互相揭短，要想成功加薪就更難上加難了。

方案2：

員工：「老闆，我想知道，在我們公司裡，員工大概要達到什麼樣的條件才可能加薪？」

在方案2中，員工不是在問自己要做到什麼程度才能加薪，而是在問公司加薪的客觀標準是什麼。要知道，和老闆談判時我們處在弱勢，基本上沒什麼權利和資源進行對等談判。我們問出來的這個客觀標準，卻能讓自己和老闆處在對等關係上。也就是說，此時加薪不加薪不再是老闆賞賜不賞賜的問題，而是加薪合理不合理、加多少才算合理的問題了。這是一個員工在和老闆談判時的最有利姿態，也最不傷害雙方感情的姿態。

而且，一旦老闆自己說出了客觀標準，他接下來的對話就不太可能隨便搪塞個理由來拒絕我們。可見，這個客觀標準，是我們和老闆在接下來談判時最重要的一個戰略據點。

第二步：大大方方地和老闆討論自己的工作表現

在知道公司的客觀標準後，我們要按照老闆所說的標準舉出實際的資料或例子，來證明自己已經符合了標準。但有時我們會發現，自己並未完全達標，這時我們需要做的就是進行「條件交換談判」。

員工：「我確實沒有達到條件A，但是我在條件B中表現超標啊。我的B表現是不是可以補償我缺失的那一塊，讓我加薪呢？」

就算老闆不同意，我們也應該適當地強調自己在條件B中的傑出表現，也應該得到一定的獎勵。我們要把自己的成績報告盡量向老闆說的客觀標準靠攏。

第三步：帶著老闆「想像未來」

談加薪的時候，很多員工只是把重點放在自己過去有多拚、成績有多好，但說實話，對老闆來說過去的已經過去了，老闆真正關心的是他的這筆錢投入了，未來可以給自己帶來什麼回報。因此，這一步就是給他一個未來。

員工1：「如果我得到加薪，我會在項目A中投入更多精力。」
員工2：「只要加薪了，我的女朋友就不會一直質疑我的工作前途，也會體諒我常常加班，那我就可以更專注於自己的工作了。」

簡單來說，我們要讓老闆覺得在這麼多下屬中，老闆選擇給你加薪，是公司對未來最值得的投資。

—使用注意—

在這場談判中，不要把加薪當成唯一的目標。就算在這場談判中沒能順利加薪，但我們至少已經知道了老闆的加薪標準，也得到了老闆事實上的口頭承諾，即只要達到標準，我們就能夠加薪。這是一個很重要的收穫。

因為無論是要求加薪還是其他談判，除了終極目標之外，我們還有階段性目標。當客觀條件不允許馬上實現終極目標時，能夠把握住一、兩個階段性目標也是不錯的收穫。

上面這三個步驟，未必要在同一次談話中按步驟依次進行。如果我們希望能夠在年終時得到加薪，那麼在當年年中，也許就應該悄悄地先和老闆開啟第一個步驟——確認加薪標準。因為，在確認標準後我們還有半年時間讓自己補上進度，貼近老闆的加薪標準；同時，對公司來說，給一名員工加薪，就等於第二年公司每個月的成本都會上調。在老闆制定第二年預算時，他若沒有預留出給我們加薪的那一份，那到時就算再願意給我們加薪，他也無能為力。

常用句型

- 老闆，我想知道，在我們公司裡，員工大概要達到什麼樣的條件才可能加薪？
- 我確實沒有達到條件A，但是我在條件B中表現超標啊。我的B表現是不是可以補償我缺失的那一塊，讓我加薪呢？
- 如果我得到加薪，我會在項目A中投入更多精力。

突破慣性思維，進行出價

所有談判，討論的都是條件，而什麼時候、由誰、用什麼樣的理由、以什麼方式、提出怎麼樣的條件，幾乎構成了所有談判的主要內容。下面，我們將介紹幾種常見而且有效的提條件的方式。

先發制人的「定錨效應」

──典型錯誤──開價應當後發制人

很多時候我們需要與他人展開一段合作，但由於合作雙方彼此之間不太熟悉，或者雙方雖然熟悉，卻正在涉足一個全新的合作領域，使得雙方打算開始的交易在價格上沒有定例或標準可循，需要雙方從頭商定。

在大家都不熟悉的情況下，大多數人會選擇「後發制人」的開價策略，在談判開價時盡量「打太極」，希望對方先開出價格，自己好隨機應變討價還價。舉個例子：

朋友小賈在家鄉小鎮開了一家花店，因為他插花的手藝全鎮一流，店鋪裡的花籃和花束都賣得很好。前不久，有個老顧客登門，想請他為自己的婚禮外場花藝布置提供全套設計服務。他和顧客很快商定了服務的大致內容，可是在談到酬勞的時候卻卡住了——因為在那個小地方，從來沒人做過這種生意，誰也不知道收多少錢合適，於是雙方的談判頓時陷入僵局：

小賈：「這次外場布置您打算花多少錢呢？」

客人：「我不知道啊，你覺得收多少錢合適？」

小賈：「要不您給一個預算吧，我再來增減一下布置的項目。」

客人：「沒有什麼預算，關鍵是效果要好，要物有所值！」……

這樣推來推去談了十幾個回合，兩人也沒談出個價格。

看得出，後發制人其實並不是所有談判的通行原則，當遇到案例中這種談及新業務、新項目，因為市場價格標準模糊而可能陷入議價拉鋸戰的情況時，一直抱持後開價的談判策略，反倒使談判走入僵局。

——小訣竅—— 率先出價搶得先機

報價的過程是一個心理博弈的過程，果斷率先出價反而能在談判中占盡優勢。具體來說，此時先出價至少可以彰顯三大優勢：

優勢1：先報價，會給對方以「賺到」的心理感受

就拿小賈來說，假如他心理預期的成交價格是兩萬元，如果他先報價三萬元，顧客可能不會接受，但在隨後的議價過程中，顧客只要砍掉一點點價，就會產生「比最開始還賺了」的感受，談判的進程更容易推進。結果很可能會在比較高的價位，比如兩萬五千元或兩萬八千元成交。反之，倘若對方先開口報價，比如一萬元，那麼小賈每一次試圖加價都會讓顧客感覺受到損失，總會千方百計地阻止成交價格繼續上漲。

優勢2：報價配以合適的方式，能夠啟動談判桌上的「定錨效應」

所謂「定錨效應」，就是人們在衡量和判斷時，總是傾向於給予最初獲得的資訊更多的重視，這些最初的資訊就像船錨定住船的位置一樣，會全程制約評估的進行。

某顧客在商場一家服裝店看到一件心儀的外套，要價五千元，那麼他就會下意識地接受這附近店面的此類衣服價格都「應該」是這個價位。繼續逛的時候發現旁邊的店面，類似外套標價六千元或四千元，這都不會讓顧客感到奇怪。但如果第一家店的價格是五百元，那旁邊店面動輒數千元的價格就會讓他難以接受。

案例告訴我們，因為顧客的心理價位總是被首先看到的標價錨定，這也是在大商場裡，同價位的品牌總是傾向於放在同一個區域的原因之一。

優勢3：在果斷先報價的一方開口後，另一方想要砍價，就必須講出理由、給出承諾

再回到本節開始的例子：

小賈的顧客還價時可能會說：「這個價格確實有點高，你看，只要這次效果好，以後我就多介紹一些朋友到你這兒來買花、做布置，這次就給我便宜點，也算給我婚禮幫了一個大忙，兩萬五千元怎麼樣？」

此時小賈再大方成交，不僅能收穫幾乎相當於花店兩個月銷量的大生意，還賺取了顧客再介紹新業務的承諾。

—使用注意—

先報價確實有助於將正常談判鎖定在你想要的價格區間內進行，但如果報價與對方心理預期差距較大，同樣也容易嚇跑客戶。所以在報價前要充分評估對方的心理預期，也可以參照具有可比性的其他行業報價，在合理範圍內做出對自己最有利的報價方案。

年輕人要敢於給自己開高價

—典型錯誤— 初出茅廬，不如先開低價

每個即將面臨就業的年輕人，在踏入職場之前都充滿了無限憧憬。有些年輕人懷揣著夢想，琢磨著自己去創業，如開個工作室、小餐廳、培訓公司等，為自己工作，圖個自在。但經常讓他們頭疼的一個問題就是：該給自己的產品或者服務開多高的價格呢？開低了，自己不甘心；開高了，又怕把客戶嚇跑。經濟學理論聽了很多，可還是不知道該怎麼定價。

我們先看一則案例：

小劉媽媽是專業學油畫出身。小劉小時候，媽媽帶著小劉到公園練畫。一張風景畫，得花

一、兩個星期。有一天，一位大叔路過他們身邊，看著小劉媽媽一副即將完成的作品，就問：「您這幅畫多少錢肯賣？」當時小劉就想：這幅畫怎麼著也得賣一千元吧。二十多年前的一千元可不是個小數目，而且，小劉媽媽畢業之後就進了電視臺工作，並不以賣畫為生。要是成交了，這就是媽媽賣的第一幅畫，能有這樣的成績已經相當不錯了。

在不知如何定價的時候，很多年輕人都會陷入和小劉一樣的錯誤：既然不確定什麼價格合適，不然就定個低一點的吧。

這樣做的弊端是很明顯的：

第一，會降低自己的產品或服務在客戶心目中的價值。

第二，就算因為價格較低，銷售的速度會快一些，但定低價給自己帶來的心理暗示卻是消極的；產品的格調和出售的平臺完全不同，也容易給自己帶來低人一等的感覺，成為阻礙年輕人奮鬥的心魔。

第三，低價或許會讓自己所定的價格配不上自己提供的服務或產品，最後虧的還是自己。

—小訣竅— 讓高價為你開路

讓我們繼續講完上面那個故事。

小劉正這麼想著，小劉媽媽卻已經輕描淡寫地說：「三千元。」小劉當時差點沒翻湖裡去。這位大叔一聽，騎上自行車就走了。小劉就問媽媽：「您又不是畢卡索，一幅畫幹嘛賣這麼貴？」小劉媽媽說：「作畫要有功力，賣畫要有魄力。如果真遇到投緣的買家，寧可送畫給對方，也不能賤賣了。」

後來，這幅畫還真賣了三千元。

所以，年輕人，特別是打算或者剛剛創業的年輕人，開始時應該勇於給自己開高價。這樣做，至少有三個好處。

好處1：滿足客戶多元需求

很多人都以為，客戶買東西最看重的是價格。其實真不一定，很多客戶最看重的往往是產品的檔次和品牌。但怎麼判斷檔次和品牌呢？客戶只能透過蛛絲馬跡來推測，而價格就是最好的風向標。一般人都覺得，價格擺在這兒，檔次就在這兒，一定就有它的不凡之處。這正是高價策略的心理學基礎。

與此同時，人總是有虛榮心和社交需求，有些東西是需要向別人展示的。比如，掛在客廳裡的字畫、擺在辦公桌上的工藝品、給老婆買的結婚紀念日禮物等，問起價格時，五十元和五千元的感覺肯定是不一樣的。雖然說重在心意，但是很多心意需要用價格來體現。所以，千萬別怕高價把客戶嚇跑了，因為高價可能正是他所需要的。

好處2：幫助年輕人建立職業自信

自信，對於開始闖蕩社會的年輕人來說至關重要。有職業自信，更容易獲得事業上的發展，而自信心有時是需要外在的東西來支撐的。

敢給自己開高價，就表示我們有底氣、有信心自己的勞動就是值這麼多錢的。特別是當我們開了高價、東西又真能賣出去，而且獲得更高的回報時，就會形成一個自我強化的回饋環。於自己，更穩固了職業自信；於事業，有了更充足的發展資金和品牌效應。可謂一舉兩得。

好處3：立於不虧之地

很多年輕人會擔心：開高價，是不是反而會很容易被別人砍價啊？可是我們要明白，既然是做生意，就一定會碰到討價還價的人，甚至是講價高手。而且，很多愛砍價的人，不管我們開多低的價，他還是會覺得不夠低，問題不是我們的價格開得高，而是對方這種占便宜的心態。我們開價再低，碰上這種人，他都是要砍的。

所以，我們不妨一開始就定高價，對自己的產品或服務形成自我保護，表明價值，不願讓步，這樣傳遞出去的信號就是：「我的產品不愁賣，你不買自然有人買，別回頭後悔想買都沒了，吃虧的還是你。」利用這樣的心態，對方讓步的可能性也很大。就算退一萬步，真的被對方砍了價，那高價格給自己留下的被砍價空間也會多一些，少賺一點至少不會賠本。這是我們所說的「立於不虧之地」。

—使用注意—

在這裡需要特別提醒大家的是，這則技巧有它的適用範圍：

第一，最好是年輕人自己創業做老闆，而不是給成熟的企業打工。成熟的企業已經有了自己穩定的行銷體系，開高價的策略不一定跟它相容。

第二，我們所銷售的產品或者服務，最好在市場上沒有完全相同的競爭者，而且沒有客觀的指標來定價，比如文創藝術作品、設計類、高端服務類等，這樣客戶沒有辦法做橫向對比，會給我們留下彈性定價的空間。

第三，雖說是開高價，但也不能太離譜，如一條毛巾賣二十萬元。不排除我們真的能做到，重點還是在於要和自己的實力相匹配。

而且，這個定價的度自己得把握好，也不要指望一蹴而就。萬一一開始訂價過高，別覺得不好意思，根據市場反應進行調整就是了。所以，寧可訂高了，也別定低了。

常用句型

●您好，我這邊的價格是……

在開高價的時候，要表現得果斷、堅定，因此簡潔地說「價格是多少」就可以了。換個角度想，這也是對客戶的尊重——誰會希望自己下定決心購買的產品或服務的提供者，是個自己都對開出來的價格沒有信心的人呢？

●抱歉，可能跟您的期望有差別，但它確實是這樣的，因為……（或「請您相信這個價格是我……的決定。」）

很多漫天要價的年輕人之所以讓人反感，其實多半不是源於價格，而是因為不恰當的態度。高價不等於高傲，也不等於輕佻。所以，有人對價格表示質疑的時候，你需要的是不卑不亢的解釋，讓他相信你是經過了考慮，認真開出的這個價格。這樣就算最後價格談不攏，也不至於讓對方心生不快。

●這樣啊，那能請您跟我說說您的想法嗎？

最後，身為經驗不足的年輕人，開出的高價確實可能會有不妥之處。因此，當遇到客戶有理有據的質疑，不妨認真詢問他們的真實想法：一則可以透過進一步的溝通獲取更多資訊，有利於之後的判斷；二則也可以從中學習，方便之後進行策略上的調整。

在讓步中談成交易

沒有人喜歡讓步。每個人都希望自己的要求能在談判中獲得最大程度的滿足。但有趣的是，幾乎沒有人能單靠出價而談成一筆交易，所有人都是靠著成功的讓步策略來讓對方點頭的。

砍價中要學會「掀桌」

——典型錯誤——準備不足，貿然掀桌

我們在買東西或是在談判桌上和人談條件的時候，對方開出來的價格、條件，如果和我們原本的想法差別不大，那麼大家好商好量、各退一步，多半都能達成一致。可要是對方開價與我們的期望相去甚遠，我們需要來個「大砍價」的時候，又該怎麼做呢？

有一種常見的做法就是「掀桌」。

所謂掀桌，就是掀翻談判桌，也可以叫翻臉。最常見的就是買東西的時候，你給我個價，我嫌貴，扭頭就走，等你在我身後喊「回來回來，我給你打五折」。但是，我們會發現，很多時候我們扭頭就走了，然後就真的走了，因為沒人叫我們回來！

這種假藉條件不合就掀桌翻臉、逼迫對方讓步的方式，很容易弄巧成拙。而這其實是源於我們沒有意識到，掀桌前也是需要做一些準備工作的。因為如果對方壓根就沒和我們處在一張談判桌上，或是並沒有什麼無法接受的翻臉成本，我們這時候掀桌，自然很容易就會掀空了。

——小訣竅—— 掀桌砍價三步法

在談判中，我們如何把桌掀好呢？從下面這個案例中，我們可以清楚理解砍價時掀桌的三個步驟。

一個朋友特別會砍價。如果在商店看到一樣心儀的東西，他會很小心地拿起包裝盒，反反覆覆看很久。如果身邊有朋友，他還跟朋友交流幾句，流露出對這個玩意兒的喜愛。他也會跟店家聊，但絕不開口問價，都是在問跟這個商品有關的細節，一直細到保固能保多少年，說得好像已經買了一樣。同時，他還會很不情願地表達出一些猶豫，哼哼唧唧地說：「老婆對於我總是買這樣的東西很不爽」「我自己其實並不需要它」等。

到最後已經把錢包從兜裡拿出來放手上了，他才開口問店家：「我要付你多少錢？」而不管店家報出什麼價格，如一千元，他都會立刻做出極度震驚狀，並迅速把錢包收起來，一邊對店家說：「開玩笑呢，要我命呢！」一邊對朋友說：「唉，可惜了。」

這個時候，店家要麼會立刻拋出一個大折扣，要麼會說：「那你說多少錢好了。」而我這位朋友就可以十分從容地說：「我原以為，一、兩百元就搞定了，誰知道這麼貴啊，買回去還不得跪洗衣板啊？但我確實挺不好意思砍價的，這樣吧，四百元，我也不勉強，不行我就當認識個朋友。」

整個過程持續十到二十分鐘。在這個過程裡，這位朋友十分完整地完成了三個步驟。

第一步：表達上桌意願，把對方也拉到談判桌上來

正式談價之前，一定要充分流露出自己的交易意願，給對方製造一定的成交預期。因為，如果我們只是簡單地在店裡逛一圈就出去了，他最多只會覺得自己少賺了一筆錢，沒多大事兒。但如果我們先給對方一種穩賺的感覺，然後再突然撤出，他會覺得自己虧了。為了止損，他肯定願意讓步。

所以，案例中的朋友，一開始就充分流露出對商品的喜愛，給店家營造出一種「這錢賺定了」的感覺，一步步地增加對方的沉沒成本。

第二步：等對方上桌，再講出還有不太友好的其他人也在桌上

一方面，這是為之後的掀桌埋下伏筆；另一方面，這也是設立安全網，避免雙方直接對立，讓對方依然和我們在同一條船上，從而在掀桌後繼續談判。比如，案例中的朋友就把責任都推給了他老婆。

第三步：條件成熟，果斷掀桌

在對方給出條件後，我們的態度就得來個大逆轉。從原來的極度開心變得極度不開心，讓他迅速對自己產生懷疑。這時候，店家就面臨一個選擇，要麼交易取消，他之前投入的期待、陪你聊天的時間就全成了沉沒成本，他不僅沒賺，而且還虧；要麼繼續交易，但他就必須接受我們的斷崖式砍價。

當然，這三個步驟不是每次都成功，因為我們自己報出的價格總得落在對方的底線之內。而即便不成功，我們也是有退路的，我們完全可以做痛心疾首狀，說：「今兒我就不管我老婆了，老闆，就按你的價買了！」

而相比之下，那些一進店就問價，然後砍一半的傳統做法問題在哪兒呢？第一，前戲沒做足，壓根兒沒把對方拉到談判桌上，這筆買賣成不成，對方根本不在乎；第二，沒有設置安全網，虛擬一個協力廠商敵人。如果你只知道掀桌，把對方一腳踢開，當然效果不會好。

明白了這一點我們就會知道，很多時候談判不成功，並不是因為我們哪句話沒說好，而是在表達策略上沒有一個清晰的布局。

日常生活中，其實很多人也會有這樣的問題。

比如，一個朋友說：「老闆總是砍我的專案、否定我的工作，我該如何跟老闆翻臉呢？」其實，這哪是翻臉的事兒啊，這就是一場談判。而這位朋友就應該在專案一開始的時候把老闆拉上談判桌。他應該天天營造專案成功後的願景，模擬專案過程的挫折和解決方案，並不斷和老闆交流看法，直到問出老闆的參與感和同理心。就算最後真出了什麼問題，老闆也會覺得這個項目自己也有份，就沒那麼輕鬆可以全盤否定他了。

很多人也會透過遞辭職信的方式希望公司挽留，來要求升職、加薪，結果很多時候就真的辭職了。原因就在於，在遞辭職信之前，他們沒有造出一張安全網，沒有製造一個臺階、一個讓公司可以幫他們解決的問題。所以，即便公司想挽留他們，也想不到什麼理由。

所以，掀桌的核心不在於掀桌這個行為，而在於「先把對方請上桌」和「營造一張安全網」。掌握了這兩點，再配合最後的掀桌，不僅會讓我們掀桌時更有威力，也能讓我們失敗後全身而退。

─使用注意─

成功的掀桌策略往往能使我們在砍價時獲得一定優勢，但這並不意味著掀了桌，就一定會成交了。一方面，如果你掀桌後開的價格或條件過於離譜，反而會讓對方懷疑你的誠意；另一方面，即使對方同意讓步，他的讓步幅度也未必能一次達到你最初的期待。

所以，摸清對方的底線，在掀桌後開出合理條件；明確自己的底線，在與對方的後續談判中保持思路清晰，是在使用掀桌式砍價時最需要注意的。

常用句型

●這個東西我真是一看就喜歡（或「我最近好像剛好需要一個」）。

在表達時，措詞上要強化主觀意願，或從內容上製造客觀需求，讓出價方充分意識到你的上桌意願，從而增加他們上桌的可能性。

●唉，可惜這個月花錢實在太多了（或「不過要是買了就沒錢買機票回家了啊」）。

製造矛盾焦點做為你們共同的敵人，為之後的掀桌、再溝通做鋪墊。

●什麼？你在開玩笑吧？（或「哈哈哈，那算了。」）

在掀桌時，可以用諸如震驚、哂笑、表示荒謬的姿態來表達你的態度。只有桌掀得堅決，才能迫使對方讓步。

跳崖式讓步法則

——典型錯誤——「擠牙膏」

在生活中，其實每個人都有過談判的經驗，最簡單的討價還價也是一種談判，而談判本質上就是一種「尋求讓步方式」的藝術。以我們日常生活中的討價還價為例。

商店老闆：「這個兩百元。」

顧客：「一百元行不行？」

老闆：「一百八十元吧！」

顧客：「一百二十元行不行？」

一般情況下，顧客都是從起價開始，每次加一點，不行再加一點，直到雙方都滿意為止。

這種像爬樓梯一樣，一階一階逐漸登高，我們稱為「循階式」或者「擠牙膏式」的讓步。這就是我們之前所說的一般人最常用的讓步方式。

人們之所以會喜歡使用這種擠一下、讓一點的方式來談判，主要是因為我們都怕吃虧，怕自己一口氣加碼的幅度萬一超出對方預期，就會讓人家撿到便宜。同時，我們也怕自己在一開始的時候讓得太多，到了後來就會缺少籌碼。

再舉個例子。電視劇《歡樂頌》有一段劇情是這樣的：

女主角樊勝美的父母重男輕女，為了解決自己兒子的問題，不惜一次又一次地逼女兒出錢出力。而女主角則是百般抗拒，說自己實在沒辦法，直到實在受不了家裡苦苦相逼，才每次又多湊出一點點。但這種擠牙膏的方式卻出現了大問題：樊勝美每次讓步時都會強調這是最後一次，也就是達到她的底線了，但一等到壓力來臨、談判瀕臨破局時，她又會再多讓一點點，以致之前那些警告與聲明都變得毫無意義、毫無威脅性。

其實，當我們發現自己的談判對手是那種擠一下、讓一點的個性時，就算我們真的快要踩到了對方的底線，肯定也不會相信，我們肯定會再給他點壓力試試看。所以，那些喜歡「擠牙膏」的人，雖然原本是怕吃虧，但結果往往是使自己在不知喊停的對手面前，一次次地越讓越多。

——小訣竅—— 跳崖式讓步

所謂「跳崖」就是：一開始我們一步都不退，等對方的壓力累積到了一定的程度後，再一口氣做出一個戲劇性的大讓步。還是上面的例子：

一開始，老闆說：「這玩意兒得賣兩百元。」

顧客說：「太貴了，我只出一百元。」

但此時，老闆說：「不行，我這貨品真的就是值兩百元，少一元都不行。」

結果，談來談去，老闆始終堅持就兩百元，不要拉倒。這時老闆和顧客已經磨了大半天，最後，老闆歎口氣說：「好啦好啦，時間不早了，我要準備打烊了，看你這麼有誠意，想必是個識貨的。算了，我爽快點，利潤不要了，貼本賣你吧，一口價一百六十元。」這時，顧客肯定不好意思說「再減五元吧」。

這就是跳崖式讓步，它包含了三個元素：

第一，咬定自己原本的底線，累積壓力，不輕易退讓。

第二，出於某種特殊的原因我們突然鬆動，願意一口氣做出大幅的讓步，但也因如此，這個特殊的讓步是僅此一次的。

第三，要表示出決絕的態度，要讓對方明白，如果在已經做出大幅的讓步後還要再還價，就未免欺人太甚了。

相比之下，「擠牙膏」式讓步是我們在遇到壓力時輕言退讓，每次又只讓一點點，使人毫無感覺，只覺得我們就是欠敲打；而跳崖式讓步則是用一個明顯有感覺、有落差的讓步，讓人覺得這個機會不把握就沒有下次了。而且，相較於我們之前態度的強硬，現在對方反而得領我們這個情。

再回到《歡樂頌》中樊勝美這個例子：

樊勝美如果要跟家人談判，比較好的做法應該是先喊窮，不管家人怎麼把她當牙膏擠，總之，自己一分錢都不給。然後，等家裡的壓力累積到了一個程度後，再用某個無法輕易被複製的理由，比如意外的項目獎金全數匯給家人。這時，家人會不會很開心？會。會不會覺得她畢竟還是顧家的？會。但他們會不會覺得，以後繼續逼樊勝美，就能讓她繼續有像這樣中彩券式的運氣？不會。

—使用注意—

跳崖式讓步最關鍵的就是在一次降價之後絕不能再降，不然之前的努力就會全部白費，又進入擠牙膏式的迴圈。另外還需要注意的是，跳崖式讓步的理由必須精心選取，必須要有獨特性。僅此一次，下不為例，更能讓人信服。

常用句型

●不早了，今天急著打烊，這次不掙你的錢了，○○元成交吧。

●算了，不浪費時間了，爽快點，○○元你看看買不買吧。

陷入僵局時不如擱置

當談判陷入僵局，每個人都會陷入焦慮。其實，確認什麼東西不需要談，也是談判的進展之一。所以，當我們彼此的衝突一時無法化解的時候，與其冒著觸礁的風險急著推動進度，還不如試著轉化或擱置主要矛盾，從其他雖不相關但還談得下去的議題入手。

化解談不下去的危機

—典型錯誤— 重複同樣的話

談判桌上雙方經常各執一詞，彼此都不願讓步，進而使得談判陷入僵局。在這種情況下，要怎麼才能化解僵局，讓談判繼續進行下去呢？

很多人在談判進入僵局時，只會重複同樣的話試圖改變對方。這是不切實際的想法。當談判進入僵局時，重複同樣的話只會讓場面越來越僵。

──小訣竅── 尋找原因

其實談判陷入僵局的原因不外乎三種。有兩句話可以讓大家繞開這三塊擋住談判的絆腳石，從而突破僵局。

第一句話：「咱們都是爽快人，這件事今天就這樣定下來，好不好？」

這句話聽上去平淡無奇，但其實是柔中帶剛，可以幫助我們探測出對方談判的意願有多強。先看一個例子：

在談判桌上，雙方僵持住了。

甲方說：「咱們都是爽快人，項目成不成，這次就定下來，你說好不好？」

乙方說：「也不一定吧，咱們還是走一步看一步比較好。」或者說：「嗯，這可能不行，我下午四點得回去跟老闆彙報。」

看出來裡面的玄機了嗎？乙方這麼說，很可能是沒想跟甲方談太久，這就有可能是談判中的第一塊絆腳石——沒意願。具體來說，乙方一聽甲方開出的條件，大概判斷成交沒戲，可是又不想顯得太沒誠意得罪人，通常就會這麼回答。同時，這句話還可能幫我們探測出談判中的另一塊絆腳石——沒授權。也就是說，對方其實沒有拍板做決定的權力，很可能只是老闆派來壓低價格或者蒐集情報的先鋒，實際是做不了主的，所以需要和老闆商量才能答覆。

如果乙方說：「好啊，咱們達成共識再離開。」很明顯，這個回答就有誠意多了。我們可以藉此來判斷，乙方想達成交易的可能性很大，而且也不排除還有讓步的可能性。

這裡要提醒一下，這句話的關鍵只是試探乙方的反應，至於甲方是不是真的離開房間並不是重點。

第二句話：「想想有什麼新方案，我們雙方都能接受。」

這句話一出，可以幫助我們測試談判中可能出現的第三塊絆腳石——求獨贏。好的談判講究的是雙贏，各取所需才能合作愉快。但有些人的談判理念比較霸道，認為談判就是全力以赴爭取自己的利益最大化，他的邏輯裡沒有「雙贏」這個概念，只有「獨贏」的追求。這句話，就可以幫助我們探測出對方是個求雙贏還是求獨贏的人。

同時，這句話也營造了一種比較友善的氣氛，即把眼前的僵局當成是雙方共同面對的問題，而不是雙方對立的結果，能夠明顯改善談判的氛圍。在這種氛圍下，我們其實也在用這句話提醒對方，要打破原有的思維框架，換位思考，從而提出新的方案。舉個例子：

我們和朋友去租房，房東說：「月租六千元。」

我們覺得貴了，跟房東還價：「哎呀，大哥，六千元太貴了，五千五百元行不行？」

房東不答應，說：「六千元已經很便宜了，附近差不多的房子比我這個還貴。」

處理方式會有兩種。

方式一，也是大部分人的處理方式，就是反覆跟房東磨：「太貴了！您便宜一點吧。」這麼談，往往只能一直在僵局裡打轉，白浪費時間。

方式二，我們可以這麼說：「咱們都想想，還有沒有其他辦法，既可以讓您有的賺，我們也能接受？」如果房東堅決不退讓，說：「不用想了，就是六千元，不能再便宜啦。」那就說明房東很可能就是那種「求獨贏」的人。

如果他說：「好吧好吧，五千五百元可以，但要租兩年，怎麼樣？」這就是房東提出了一個新方案，不再糾結於租金，而轉向了租期。即使我們對這個方案仍然不滿意，那也有了進一步討論的平臺，不會僵持在原先的地方毫無進展。

可能有人想問，創新方案，自己主動提就好了，需要特地問對方嗎？你要知道，談判雙方難免會有資訊不對稱的情況存在。我們知道的，對方未必知道；對方想到的，我們未必想得到。所以，多一個人想，就多一份打破僵局的力量。可見，這個時候問對方就很有必要了。

了解了談判陷入僵局的原因之後，雖然不能說日後就會一帆風順，但至少眼下的僵局可以化解了。

這兩句話就是想告訴大家，談判雙方的話語權應該是平等的。我們手裡的籌碼可以沒有對方多，但話語權卻不能比對方少，而情報和資訊就決定了我們的話語權。知彼知己，才能百戰不殆嘛！所以，談判遇到僵局，先別著急改變自己提出的條件。不妨先透過試探，蒐集對方潛在的資訊，拉平雙方的話語權之後再做打算。

—使用注意—

談判從來沒有萬全的方法保證一定成功，我們要做的是提高成功的概率。另外，如果對方確實缺乏誠意，那我們就真沒必要空耗下去，談判的小船該翻就翻，果斷地結束，讓它直接破局，也是一種打破僵局的方法。而且這也不代表前面的努力就都白費了，在這次談判中蒐集的資訊、積累的經驗，都能幫助我們在下次談判中好好發揮。所以，縱然這一次沒談成，也不是一無所獲。

常用句型

- 咱們都是爽快人，這事兒今天就定下來，好不好？
- 想想有什麼新方案，咱倆都能接受。

把是非題變成選擇題

——典型錯誤—— 是與非，非此即彼

一個朋友剛到了一個新單位，而上司總是喜歡把工作都交給他。這當然也不算什麼壞事，因為至少代表他很能幹，只不過當工作一件又一件地交下來越積越多，這位朋友就有點受不了了。他想主動拒絕，但面對上司又不知道該如何開口。

在沒有特別練習的情況下，人與人在談判的時候，常常都會不自覺地把一件事情的「做與不做」簡化成一種毫無轉圜餘地的「是與非」。比如，老闆交給我們一項新工作，我們要麼接受、要麼拒絕，這就是是非題；再比如，我們跟別人談生意，對方問能不能便宜一點，而我們要麼接受、要麼拒絕，這也是是非題。

但是請注意，只要一個問題變成了是非題，那往往就意味著有人輸、有人贏。比如分派工作，在是非題中只有兩個結果：一種是老闆被我們拒絕，另一種是我們被老闆拒絕。而沒有人會喜歡輸的感覺，所以在是非之外，一定要尋找到別的東西。

—小訣竅— 把是非題變成選擇題

對於案例中的那位朋友，下次上司交給他新任務的時候，他可以這麼說：

「我現在手頭的案子已經很多了，雖然您要我再接一件也沒問題，但在執行上品質就不太可能保持跟之前一樣，這樣行嗎？」

這條建議我們既沒有說要拒絕接受任務，也沒有向上司訴苦自己太忙了，我們只是很巧妙地暗示出一個選擇：您要我做可以，但品質與效能，您得選一個。這樣就不是是非題，而是選擇題了。無論上司選了哪一個，我們都能從中受益，要麼接下任務，但可以不用做得那麼認真；要麼上司收回成命，交給其他同事處理。

在跟客戶談生意時，遇到對方老在問「可不可以再便宜一點」的時候，我們應該認真地點頭附和他說：「沒問題啊，這本來就是要看您更在意的是品質還是價格嘛。」這道是非題一下子就轉變成了「要品質還是要價格」的選擇題，而原本針鋒相對、貌似「有人輸就要有人贏」的是非爭論，也不動聲色地變成了「那咱們看看怎麼選最好」的溝通協商。

另外我們要注意，當一個問題以是非題的方式呈現時，我們一遇到挫折，就會喜歡向外找理由。比如，我們希望客戶降價，但對方說：「不行，這已經是最低價了。」這時候我們就等於被拒絕了，心裡會想：這傢伙不夠意思啊，我們是老客戶啊，就他們這破玩意兒還賣那麼貴。

但同樣一個情況在它變成選擇題之後，人的思維就會被條件化，會從自己這邊找原因。比如，我們問是否能便宜一點，對方說：「沒問題啊，因為有人在意品質，有人在意價格，很正常嘛。」這時候我們總不能說：「呸，我就是又要不給錢，又要品質好。」所以，當一個問題呈現出來的是選擇題的時候，無論我們怎麼選都會變得向內找理由。也就是說，如果選擇「價格便宜點」，我們心裡就會想：「是啊，我平常用不到這麼好的東西，買那麼貴幹嘛，還是把錢花在刀刃上吧。」反之，如果選擇「品質好」，我們心裡就會想：「一分價錢一分貨，買了不好的東西，壞了到時候還要換，自己用了不順心，畢竟品質還是最重要的。這個錢該花就要花。」

總之，人在面臨選擇的時候都會把自己的選擇合理化，自己會給自己一個理由。善於利用這一點，就可以更容易地達到自己的目標。

—使用注意—

要注意使用的時機，不要被誤解為推脫責任。借用最開始的例子，假如工作不是真的忙得做不過來，用這招反而會讓人覺得你在推卸責任。使用時還需要配合其他技巧，才能順利地讓別人按照我們的選項進行選擇。

常用句型

- 其實不是我說能不能便宜點，是要看您要的是品質還是價格啊。
- 當然這個我也可以做，但是時間這麼緊，執行的品質可能不太高。

要辭職，怎麼說

——典型錯誤——反正都要辭職了，暢所欲言吧

職場中，辭職已經是很常見的現象了。在流動性越來越高的今天，現代人平均四到五年就會換一份工作，而大學畢業的年輕人，很多兩、三年就會換一個環境。

馬雲說：「員工的離職原因林林總總，只有兩點最真實，一是錢沒給到位，二是心委屈了。歸根結柢就是幹得不爽。員工臨走前還費盡心思找靠譜的理由，是為了給你留面子。」這話說得很好，但卻是站在老闆角度說的；做為員工，你如果真把委屈都說出來，恐怕總會被當成是刁難。

許多人覺得，既然要辭職了，何不暢所欲言？但我們要知道，職場是個小圈子，在我們身上黏的最久的評價不是面試時留下的印象，而是離職時留下的印象。這時候得罪人，其實是很不划算的。對我們來說，每換一個工作，應該是一種資歷與人脈的養成與積累，而不是和過去徹底斷絕。所以，如何好好地辭職尤為重要。

—小訣竅— 教你優雅得體

要素1：告知去處

辭職時，上司總會問：「接下來怎麼安排啊？」如果我們希望在離職後依然保持過去經營的人脈，那對於辭職後的計畫最好不要隱瞞。有人已經簽好了下家，卻說自己要出國留學，遲早會被拆穿。之前那個留下一句「世界那麼大，我想去看看」的女教師，結果辭職後壓根兒沒去哪兒，而是結婚了，這就很尷尬。

要素2：慎選理由

最具破壞力的辭職理由，恰恰就是馬雲說的那兩點：薪資水準和人際關係。「那邊給的錢比這邊多！」「這邊的人讓我覺得憋屈！」這樣的理由一旦出口，麻煩就來了。舉個例子：

某人確定辭職後和上司說：「我的薪水不夠高。」

上司很容易就會說：「你覺得錢不夠，我們可以加啊。」

某人還得拒絕啊，只能說：「不行，我還是想走。」

上司說：「這樣都不行，那你想要多少？」

此時，上司當然會開始不滿，要麼覺得你不說實話，要麼覺得你貪得無厭。而且，如果這樣的理由未來傳到了新公司，對你的形象也不好。

如果換一種說法，比如「公司同事不好相處」，這個理由一樣很糟糕。上司和同事不會因為我們的評價而改變性格，他們只會改變對我們的評價，認為我們愛挑剔、不好管理、要求太多。

如果我們憋不住非要說，可以這麼說：

「我不太適應公司的文化，大家很內斂，溝通較少，而我很外向，個性不太一樣。」

你看，從自己說起，這樣的理由就會溫和很多。

要素3：表示感激

我們要讓上司知道，我們很感激他對自己的培養和照顧。我們可以談談這段時間在公司的收穫，談談自己有了哪些成長。辭職以後，我們和上司的關係也從當年的從屬關係變得平等，他是我們在行業裡的前輩，我們是他培養過的新人。沒了利益關係，我們也可以坦誠地問問自己未來的發展、自己曾經在工作中暴露過哪些不足。碰到負責的上司，會給我們解答不少疑惑。這一次談話，或許就是提高我們未來的契機。

如果辭職前的談話沒那麼融洽，對方指責我們不夠忠誠，我們也只需要表示遺憾，無須爭辯，因為立場不一樣，他不會接受我們的辯解。還有一點需要注意，我們表達感激，是在體現我們在職場上的專業態度，不要因為談到了感情就覺得辭職二字說不出口。辭職就是辭職，工作就是工作，別因為聊到感情而拖泥帶水，也別因為感情而反反覆覆。

《三國演義》裡關羽的例子，就是辭職的典範。

關羽封金掛印，辭別曹操去追尋舊主劉備時，留下的就是一封言詞懇切的辭呈。他先是說：

「我年輕時侍奉劉備，發誓同生共死；之前對您的請求已被恩准，今天得知舊主在袁紹軍中，想到昔日的誓言，不敢違背。」——這是在「告知去處」。

之後關羽說：「您的恩德深厚，可之前的義氣難忘，故而寫信告辭。」——他把離開的理由歸結為義氣難忘，這是「慎選理由」。

最後關羽收尾道：「承蒙照顧，還有恩德沒能報答，就留給未來吧。」——這是「表示感激」。

這封辭呈成為後世的一段佳話，關羽沒有受到刁難，走後曹操還親自追趕挽留，贈送禮物。他們能好聚好散，一方面是關羽的辭職理由不錯；另一方面，是關羽在職時殺顏良、斬文醜，認真負責地做出了成績。這些都值得我們參考。

—使用注意—

講了很多，但說到底都是為了讓辭職順利，也能給自己帶來收穫。其中最關鍵的其實是平和的心態，切不可因對方的指責或者挽留就自己先亂了陣腳、語無倫次。

常用句型

- 接下來我打算去……（告知去處）
- 您雖然不理解，但我還是很感謝您這些年對我的照顧。（表示感激）

05
演講

靠語言的力量贏得觀衆的好感

在五維話術體系中，演講是形式最簡單，也最能明顯體現一個人是否會說話的一項。因為雖然人人都會說話，卻很少有人敢於、善於對眾人說話，做到自信、流暢、清晰、生動地表述。

首先，你要做到克服公開演說的緊張感；其次，你要滿足觀眾期待，達成預定目標；最後，你要用你的表現力和渲染力憑空營造出一個或感動、或輕鬆、或肅穆，並且能夠有效傳達資訊的氣場。而這一切，都是僅憑你的語言來實現的。是不是很像魔術？世界上本來沒有魔術，練習得多了，手法精湛到一定程度，在別人看起來也就是魔術了。本章就教你一些扎扎實實的小技巧，把這個「魔術」一步步變成現實。

別緊張，沒人在意你的尷尬

緊張，是演講的第一道難關。不管是事先有所準備，還是臨場發揮，無論你的性格是外向還是內向，甚至不管你是老鳥還是菜鳥，都難免有一定程度的緊張。要消除緊張，首先，你要對演講中疏失的真實傷害有正確評估，也就是不要過於高估它的嚴重性；其次，你要對自己有正確認識，要知道即使是內向的性格，也有獨特的優勢；最後，你還可以用「故事性陳述」的技巧，避免腦子一片空白的尷尬。

別把出錯當回事

—典型錯誤— 重點都放到了尷尬上

緊張這事兒，說來也怪，人家越叫你別緊張，你就會越緊張。許多人在公開場合講話，總是擔心會出錯誤，害怕場面變得尷尬，覺得自己的小錯誤在大家眼裡就是大問題，拚命想掩飾這種緊張的狀態，結果往往將緊張暴露得更加明顯。

在出錯了之後，還有人會努力解釋這個錯誤，想讓大家接受。但實際上，這種做法反而將大家的注意力更加聚焦到這個錯誤上來，本來能被接受、被原諒的錯誤，在一再解釋中變得格外醒目。

—小訣竅— 別把錯誤當回事

想要應付這種緊張，或讓尷尬局面盡快過去，你得先明白一個道理：人都是以自我為中心的，就算你在臺上講話，也沒誰會像你自己想像的那麼關注你。也就是說，首先，你自己不示弱，沒人看得出來你有多緊張；其次，你就算真的弱掉了，也沒有人會像你一樣覺得那麼嚴重。

舉個例子，如果你看那些高水準演講的視頻時，留神仔細盯著看講者的手，你會發現——基本都在抖，特別是拿著稿紙的時候，很多人都會抖成篩糠。這就是緊張嘛，可是如果不仔細觀察，你肯定也不會發現。為什麼？因為做為觀眾，你很少能留意到演講者到底有多緊張。

反過來說，當你處在類似演講的公開表達場合時，你要記住，觀眾根本看不出來你有多緊張。既然人家看不出來，你也就不用再花力氣刻意掩飾。進一步說，就算你一不小心出了差錯，也盡量不要當場糾正，因為大多數情況下，臺下的聽眾根本就不知道，就算知道，也不會像你自己那樣在意。

著名主持人何炅老師有一個經典的救場案例。某電視節目頒獎禮的隆重現場，主辦方啟用了高科技的觸控電腦，給嘉賓查閱並宣讀獲獎名單。設計很「高大上」，可是偏偏在宣布某個重要獎項的節骨眼兒上，這個電腦當機了。嘉賓在臺上一臉茫然，億萬觀眾守在電視機前看著直播——你說尷尬不尷尬？

這時候，現場主持人何炅老師是怎麼處理的呢？很簡單，人家愣是沒當回事。他就說了一句話帶過去了：「其實除了最炫的高科技設備，我們也同時準備了最原始的手段。」然後麻溜地換上裝好獲獎名單的信封，整個頒獎禮也就順利地進行下去了。

這個場面回想起來尷尬得要死——那麼「高大上」的設備不能用，就像是鐳射炮換回古時候用的鳥銃，本來是特別滑稽的一件事，可是人家自己沒當回事，也就帶著觀眾不拿這當回事了。電腦當機了？正常啊，誰沒當過機啊；備用方案很爛？廢話，備用方案嘛，你指望它好看到哪兒去；偽裝「高大上」失敗了？常見啊，誰沒遇過精心準備的環節突然失效的經歷呢。

既然是無心之失，既然大家時常都會遇到，觀眾就不會那麼敏感和在意，就算有人起哄，大多也不是惡意的。所以，表達的時候你大可以坦然一點，哪怕不像何炅老師那麼機智，比如你就乾巴巴地講兩句：「對不起，電腦故障，我們得換老辦法來宣布結果了。」效果也比拚命掩飾要好得多。

這個原則不僅適用於演講，工作中出了差錯的時候，這種坦坦蕩蕩的態度也是最好的應對策略。不是說你沒皮沒臉、無動於衷，而是不能反應過激，否則會錯上加錯。

比如，老闆批評你：「昨天提交的報告，錯別字有點多哦！」你最簡單也是最合適的回應，就是老老實實說一句：「實在對不起，確實有點多，下次我交報告之前一定仔細檢查。」

可是有些人偏不這樣，由於緊張，他們總覺得這樣坦然接受錯誤不夠味，非要給自己加戲。他們會覺得，出了這麼大的事，我要證明我態度誠懇，我要表示我意識到錯誤嚴重，怎麼做到呢？跟老闆交心唄——我為什麼錯這麼多、最近有什麼心理變化、生活壓力有多大、新人做事有各種苦惱、為什麼我會放鬆對自己的要求……晚上不睡覺也要跟老闆發簡訊訴衷腸。老闆本來沒介意，經過你的一番解釋就會變得介意了。為什麼？因為你的拚命解釋，在你看來是誠懇，在老闆看來，是在逼他原諒你，甚至還要反過來安慰你，你說他生氣不生氣？

你可能會問：那萬一人家在意呢？我不該多解釋兩句嗎？其實前面的三個例子，演講、頒獎、工作，都是資訊高速流轉、關注點不斷變遷的場景。除非真的別有用心，否則沒人有那個功夫把注意力盯在你的錯誤上。同樣，在資訊爆炸的當下，我們連篇幅大點的長微博都不願意讀完，生活中偶爾的小錯誤，誰又願意被你揪著，沒完沒了地聽你解釋呢？更何況，誤會才需要澄清，錯誤只需要承認。除此之外，任何解釋其實都是把錯誤點撕得越來越大，讓本來會被遺忘的地方變得無法忽視了。再舉兩個例子做為對比。

當年，高曉松酒駕引發追撞事故，入獄受罰。面對公眾時，他是怎麼回應的呢？七個字——對不起，永不再犯。此外沒做任何多餘解釋。結果，這件不算小的事件也很快被淡忘，時至今日也沒對高曉松老師的生活和事業造成多大影響。

相反，同樣是著名藝人陶喆，在就個人出軌事件道歉時不僅解釋得連篇累牘，居然還製作了詳細的PPT——這下好了，觀眾是想忘也忘不掉了，就算忘了你做錯了什麼事，也忘不掉「拿PPT道歉」這個噱頭。

所以，不管是在演講還是在生活中，我們遇到一些小的尷尬和錯誤，最好的技術就是不用技術。大方坦然，效果就不會差——萬事別緊張，沒人會在意。

—使用注意—

演講時，不妨把自己當成一個善意的觀眾，只要你從這個角度去看不是什麼大問題的錯誤，就不用擔心有什麼負面影響。但是，如果這個錯誤大到會對你的演講有整體性的傷害，比如記錯了關鍵資料、念錯了嘉賓的名字，那當然是要第一時間誠懇致歉。忽略致歉這個環節直接轉移焦點，容易給他人形成不負責任的印象。不過你仍然要記得的是，即使是致歉，重點也應該放在展現態度，而非解釋具體原因上。還是那句話，你不是宇宙的中心，沒人真的在意你到底為什麼會犯這樣的錯誤。

常用句型

●這裡有些小問題，不過不重要，我們來看下一個話題。
●沒關係（這個小錯誤並沒有太大的影響），我們繼續。
●這類型句式的思路是：承認這是個問題，然後帶領觀眾的注意力走向下面的環節。

內向也能掌控全場

─典型錯誤─ 因為內向，所以不說

很多當眾演講的高手都有極強的感召力和表演性，這使得很多人以為，演講是性格外向者的專利，想把一個從小就天性木訥的人培養成舌燦蓮花的演講高手，這不科學。

其實，性格內向並不是問題，發現不了內向性格帶來的優勢才是問題。任何性格都可以找

到適合自己的說話方式，而且只要你善於發揮自己的優勢大膽去說，就會越說越有自信，最終甚至有可能讓性格也隨之改變。

從起點來說，很多內向的人之所以一輩子都解決不了說話這個問題，就是因為他們對自己的內向性格如臨大敵、太過緊張。同時，他們又認為說話的技能沒法練習，把不敢說話當成了自己無法克服的弱點，在生活中刻意避開。嘴越笨就越不敢說話，越不敢說話嘴就越笨，於是陷入閉鎖的迴圈。

─小訣竅─ 利用性格特點，塑造合適形象

總體來看，性格內向的人在說話上有以下幾點優勢：

第一，在表達上，內向的人的確有缺陷，但是這個缺陷並不致命，甚至挺可愛，因為你只是嘴笨，又不是腦殘。而且大多數觀眾跟你一樣，也不習慣公開演講，在這一點上你其實還挺有觀眾緣的。

第二，只要別人接受你是個內向的人，那只要你表達出七十分的內容，大家會預設你心裡的東西其實是九十分，因為內向嘛，茶壺裡煮餃子——心裡有數說不出。這種聽眾的自然加分，是你最大的優勢。

第三，內向的人平時不善交際，有大把的時間做自己專注的事情，特別符合我們心中對於專業人士和工匠精神的定位。那一聽就巧舌如簧、言語流暢的，反而會因為用力太猛，容易給人形成不靠譜的印象。

具體來說，內向的人在演講中應該如何表現，才能發揮自身優勢、化被動為主動呢？有三個步驟，讓我們輕鬆搞定一場演講，穩妥掌控局面。

第一步：自嘲

要知道，化解緊張情緒最直接也最有效的辦法，就是把那個讓我們緊張的因素擺到檯面上來說。而內向這個缺點，是聽眾最能接受的，因為大多數聽眾跟我們一樣，都害怕公開演講。所以，先拿自己尋開心，直截了當地告訴觀眾你就是內向、就是緊張，你就跟大多數觀眾坐在了同一條板凳上。透過自嘲，既能獲得觀眾的同情加分，又能緩解自己的緊張，一舉多得。

比如說你可以這麼開始一場演講：「不好意思，我特別害怕人多的時候講話，因為我從小特別內向，但是今天有不得已的理由，因為我要講的主題真的非常重要。」

短短幾句話，劣勢就變成了優勢，之後再有什麼瑕疵，大家也比較能包容，我們也就不用那麼緊張了。

第二步：建立信任

這裡需要先明晰一個思路：外向的人演講，是先讓別人喜歡自己講的話，再讓別人喜歡自己；內向的人演講，是先讓別人信任我們，然後才是順帶著也喜歡我們講的話。二者的努力方向是完全不同的。

內向的人由於比較專注於自己要講的內容，不容易受外在環境的影響，反而有獨特的優勢。我們不需要考慮怎樣添油加醋，也不需要想著怎麼取悅觀眾製造噱頭，而只需要老老實實告訴大家，對於演講的主題我們做了多少研究、投入了多少時間和精力、有什麼實際的工作和生活經驗、取得了什麼樣的成績。這些東西用不著繪聲繪色，都是可以用扎實的資料和事實說話的；實在不行，還可以上道具、演示圖表等視覺輔助物。

你可以試著腦補一下「雜交水稻之父」袁隆平教授拿著水稻上臺演講，那種樸實農民不善言詞的形象，絕對不是減分項，而是加分項，這比專門去學演講、學朗誦的效果好得多。因為觀眾直覺上就會比較信任那些內向但是誠實的人，而信任是獲得良好演講效果的關鍵。

再舉一個例子。早年間市場上賣菜刀的，流行讓啞巴來推銷。啞巴什麼都不說，只是坐在那裡用刀操作、演示剁鋼絲、剁玻璃、剁骨頭，反正什麼硬剁什麼，動靜越大越好。反之，如果一個正常人坐在那裡邊說邊剁，反而是說得越好越達不到效果。對於內向的人來說，資料和事實的核心就是他們手裡的菜刀，所以，呈現事實的手段越簡樸，越能顯示出它們的價值。

第三步：由小見大

演講中最關鍵的，就是把演講的主題引到自己關注的小事上來，越小越好。

這裡有一個常見的誤解，那就是很多人覺得，既然我內向、我不太會說話，那我得把自己藏起來，講的東西越大越好，越體現不出個人特點越好。很多人教演講，也都是讓我們厚著臉皮硬上，把自己當成複讀機，把觀眾當成土豆——這是一種迷思。人畢竟不是機器，如果沒有真情實感，場下背得再熟，上了場還是會忘詞兒；而且就算我們背下來了，背誦出來的東西讓人聽著也是味同嚼蠟。這內在的道理其實很簡單：只有專業的演員才能不懂裝懂，還讓觀眾看不出來；我們本來就內向，還想靠表演來掩飾心虛，這怎麼可能呢？

所以，內向的人演講尤其要注重真情實感，這其實並不難。上面也提到了，內向的人由於不善交際，平時有大把時間專注做自己的事，在很多小細節上其實都有特別細膩的感觸，只是由於比較害羞，不知道這些東西有多動人。

此外，我們可能以為別人會覺得這些很無聊，所以自己就不敢拿出來講，這也是不對的。只要是真心喜歡做的事情，總會有打動人心的力量；只要善於利用，都是很好的演講切入點。很多大的主題，其實都可以落實到這些細節上來。從這樣的生活化場景出發，內向的人也能展現出演講的魅力。舉兩個例子：

一名遊戲宅男，平時見人就臉紅，這樣的人應該怎樣練習演講呢？不要硬裝陽光少年，而要從自己最熟悉的東西著手。仔細想想，很多常見的演講主題，比如友誼、團結、合作精神，都是和遊戲有契合點的。而且很多經典遊戲裡的細節，內行會跟我們有共鳴，外行會覺得長見識。所以，從大主題落腳到小細節，對內向的人是非常有幫助的。

同樣，在做表達訓練的時候我們也曾經遇到過內向的學員，剛開始練習演講的時候怎麼也不肯開口，直到我們問他：「你最擅長的東西，不管是什麼，能不能試著教給我？」他就像突然打開的話匣子，開始介紹一個極其冷門的知識——如何把牛仔褲的褲腿折得好看。當他津津有味地講述折褲腿的細節時，儼然就是一位老練的演說家。

其實，每個人在某個特別的問題上，都可以是好的演說者。你所需要做的，是從這些小處著手，把話題引向常見的那些大主題。

內向的人學演講，一開始最大的問題都是覺得無話可說。因為他們不明白，只要認真發掘自己真正關注的事情，總能找到一些既讓聽眾覺得有意思，又跟演講主題相關的內容。而只要是講起自己真正感興趣、真正在行的東西，內向的人也能成為聚光燈下的寵兒。所以，你需要的是去發掘自己，而不是去假裝別人。

—使用注意—

性格內向的人在做分享或演講時，更應該做足扎實的準備。當你透過展現性格贏取到他人的信任時，更應當用專業的內容鞏固這份信任，不然之前的自嘲與示弱就都會變成減分項，最後會給別人留下「既沒技巧又沒內容」的糟糕印象。

常用句型

●不好意思，我特別害怕人多的時候講話，因為我從小特別內向，但是今天有不得已的理由，因為我要講的主題真的非常重要。

●我性格內向，不太會講段子、說笑話，今天只是想把我做的研究彙報給大家。

點出內向的性格特點，降低觀眾對演講技巧的預期；同時反襯演講主題、演講內容的重要性，聚焦觀眾的注意力。

用故事性陳述避免大腦空白

——典型錯誤——將演講稿死記硬背

很多人都在抱怨，演講時明明事先準備了很多內容，可是一旦站到講臺上，面對下面的人群總是不由自主腦子一片空白，說了前面忘了後面，越空白就越緊張，最後弄得場面非常尷尬。

而面對演講忘詞，很多演講者選擇把演講內容寫成全文稿，然後逐字逐句地將稿件背誦下來。這種方法將大量準備演講的時間用來背誦內容，但到真正上臺時，看到下面黑壓壓的觀眾，緊張的情緒很容易讓自己忘詞；而一旦中間某一部分忘詞之後，整篇演講稿就很難再有邏輯地串下來。

更關鍵的是，這種方法也會讓你的演講變成一場背誦任務，即便是背誦到滾瓜爛熟，演講的狀態也是在回憶而不是講述，自然不能達到很好的效果。

──小訣竅── 故事性陳述

應對公開演說時的大腦空白，有一招最簡單的方法：故事性陳述。只需三個步驟，就能掌握故事性陳述的要領，解決上臺後大腦空白的尷尬。

第一步：用故事，帶大綱

例如當你被選中臨場上臺，講一個《白雪公主》的故事，即便沒有太充足的準備時間，你會忘詞嗎？會不會講了邪惡的王后卻忘了說魔鏡？會不會說了七個小矮人卻忘了說毒蘋果？不會。為什麼？是因為熟悉？等一下，捫心自問，你真的很熟悉白雪公主這個故事嗎？你平常經常練習講這個故事嗎？你當然不會專門練習，可是一旦開始講這個故事時，往往會講得比練過的那些話題還要好。

其中的原因就是因為《白雪公主》是個故事，而故事本身就是有因果關係和邏輯條理的。就算你每次講這個故事，說的話不同、細節不同，可你卻一定不會漏掉關鍵的轉捩點。

你說到了魔鏡，就一定會說到王后要讓獵人殺白雪公主；講到獵人，就一定會講到森林，講到七個小矮人。在一個好故事裡，內部的情節環環相扣。故事本身就是一個完整的大綱，根本不需要刻意去背。

用故事來帶大綱，自然不會說了前言、忘了後語。

第二步：說故事，加感想

最簡單的演講結構就是先點出主題，然後講一個和主題相關的故事，接著說一點自己對這個故事的感想，最後結束。用這種方法，不但不容易忘詞，而且效果通常也比那些長篇大論的演講好得多。若以「友情」這個話題做演講，可以這麼說：

「大家好！今天我要和大家談談友情這個話題。有時候，不起眼的朋友，也許恰巧可以改變你的一生。（點出主題）

「這就讓我想起來《穿長統靴的貓》這個故事。故事裡說一名磨坊主人死掉了，小兒子沒能得到遺產，只得到了一隻貓。然而，正是這只聰明機智的貓，把主人包裝為一個伯爵，得到了公主的芳心。最後，貓跑到惡魔的城堡裡，哄騙惡魔變成老鼠。然後它吃掉老鼠，讓主人得到了惡魔的財富。最終，主人娶到了公主，過上了幸福的生活。（故事陳述）

「這只貓本來是很弱小的，在故事的開頭，就連主人都覺得貓沒什麼用。可是，也正是這只貓成功地幫助主人走上人生的巔峰。你看，不起眼的朋友真的改變了他的一生。謝謝大家！」（對故事的感想）

這樣，你就輕鬆地完成了一次簡單且沒什麼毛病的演講了。

第三步：貼標籤，存故事

為了應付平時的各種演講，我們平時就應該用心，看看有什麼好用的故事。而且，講一個故事可以對應好多個主題。

譬如，同樣一個《穿長統靴的貓》，我們可以用它來做一個形象包裝的話題：

「你看，一個平凡的青年，在包裝之後成了伯爵。人還是那個人，卻可以娶到公主，可見良好的包裝是你走向成功的開始。」

我們也可以用它來說人的自我提高：

「在故事的結尾，如果那個小兒子沒有得到惡魔的財產，結婚後可能養得起嬌貴的公主嗎？可見，沒有實力做為後盾，光有包裝根本沒用。」

我們甚至可以跳出故事，點評創作本身：

「讀者大眾其實並不喜歡深刻的作品，很多人都只是滿足於輕鬆的小文章。好比故事的作者夏爾．佩羅，本來是法國文壇很有名氣的學者，一生中寫下過很多深刻的作品，他寫過《友與愛的對話》《鏡子裡變形的禱告像》，他還寫過《讚揚婦女》，是很早期的女權主義者。可是，這些作品根本就沒人看，讓他在文學史留名的恰恰是那些簡單的童話故事——《穿長統靴的貓》《灰姑娘》和《小紅帽》。」

如果你能把同一個故事貼上不同的分類標籤，讓它可以幫助自己應付好多個演講主題，那只需要在腦子裡積累十幾個有趣的故事，偶爾把它們熟悉一下，就足以應對幾十個話題而不會怯場。

—使用注意—

在使用這種演講技巧時，你的準備重點應該是尋找更加吻合演講主題的故事，並豐富這個故事的細節，將它有趣地呈現出來。同時，故事取材上，要麼引經據典講一些大家熟知的故事，要麼從生活中出發，營造一些大家熟悉的生活場景，盡量避免將大眾的注意力放在故事本身，而應當突出演講的主題。

常用句型

●大家好，我今天的演講主題是……在準備這個主題時，我腦海中一直迴旋著一個故事，在這裡分享給大家。

這是一種將演講主題導引到一個故事上的常用開頭。

●如果用……的視角來看待這個故事，我們會發現……

講完故事後，將主題與故事做個連接。

照顧到多方面的微妙關係

真實的演講，不是感動現場觀眾就夠了，它往往還具有極強的功能性。時刻要記住你是誰、以什麼身分、要向誰傳達什麼樣的資訊、達到什麼目的。相應地，準備演講時，也要注意「身分擬定」，也就是別把演講當做炫技，要從特定身分、功能和目的的角度出發，想明白自己要講些什麼、要照顧到哪些微妙的關係。

如何做勝選演講

─場景─ 對手、隊友都要照顧到

在生活中，無論是個人得獎還是集體榮譽，每個人或多或少總會碰到勝選演講的機會，如果這時候讓你上臺講話，你要怎麼說呢？

其實大多數人都有這樣的體會：失敗、落選的時候，反而比較容易說話，因為這個時候大家畢竟是同情落敗者的，這時的演講，只要表達自己高貴的態度就可以了，不卑不亢，東山再起總還是有機會的。

可是勝利的時候，情況反而比較複雜：

- 你把別人比下去了、贏了，被你比下去的人肯定心有不甘。

- 你在很多人的幫助下贏了，沒對這些人好好表示感謝，容易讓幫助者感覺心裡不舒服。

- 你贏得了某個職位，那麼下一步要做什麼？大家都盯著看你呢。

所以，勝利只是第一步，勝利之後還有很多複雜、微妙的關係需要處理。在這個時候，勝利者更應當把握勝選演講的機會，字斟句酌，才能把這次的勝利變成下一個勝利的起點，而不是變成勝極而衰的轉捩點。

很多人在發表勝選演講的時候都會陷入一個慣性錯誤，那就是將演講的內容繼續鎖定在這場已經過去了的選舉，或是自己的成功之路上。

而當他們感慨萬千地回憶著「我當時差一點就以為自己要輸了」「每天凌晨四點起床練習演講和微笑」的時候，其實是很危險的。你想想，你都已經贏了，再講你贏的過程，往往特別容易顯得自矜自大；而卑微一點，又變相地貶低了你的隊友和對手。即便你講得四平八穩，大部分吃瓜群眾也是無感的。原因很簡單：勝利的果實是屬於你的，而這與他們無關，甚至還有可能會增大已經開始出現的裂痕。畢竟有勝負的事情總是幾家歡喜幾家愁，誰知道你的勝利會刺激到些什麼人呢？

—小訣竅— 忽略勝利，關照眾人

想要找出勝選演講的正確法門，我們不妨從美國第四十五屆總統川普的勝選演講中，學習一些表達勝利之情的說話技巧。

第一步：讚美對手

毋庸置疑，勝選演講的第一步必須要讚美對手。這既能表現自己的風度，又能進一步彰顯這次勝利的意義。

川普說：「希拉蕊為國家奉獻了很多，我們應該對此表示感謝，她為這次大選也拚盡了全力，我真的很讚賞這一點。」

這句話其實有兩層意思：第一，對方資歷很深；第二，對方拚得很凶。結論自然就是「我」更厲害、「我」的勝利更加有價值。所以在勝利的時候，尤其不要吝嗇對對手的稱讚，我們誇對手誇得越厲害，反而就證明自己越厲害，同時也表示自己是一個有風度的人，實在是一舉兩得。

第二步：彌合分歧

這裡所說的彌合分歧，其實主要針對的還不是對手，而是自己的盟友。

說到這裡，你可能會奇怪：勝利不是大家一起贏得的嗎，怎麼反而需要彌合內部的分歧呢？這就叫防患於未然。

的確，在剛剛勝利的時候，我們並不會意識到內部分歧的問題所在，可是，在一起爭取勝利的時候，我們是有一個統一的努力方向的。一旦勝利真的到來了，那內部怎樣分配相應的利益和榮譽就成了主要的問題，這個時候分歧也就應運而生了，所以倒不如在第一時間就要努力彌補這種分歧。

川普在獲得勝利後，馬上就採取了把「我」變成「我們」的說法。他先是說：「我收到了國務卿希拉蕊．克林頓打來的電話，」接著馬上說，「她恭喜了『我們』」，然後又強調了一句，「這是我們的勝利」。並且川普用一個環抱的手勢向全場示意，強調了這個「我們」。在第一時間聲明，這不是「我」一個人的勝利，這是「我們」所有人的勝利，這個做法是非常聰明的，只有這樣，這個勝利才會比較長久。

回到我們的現實生活，雖然不用去競選總統，但是當獲得榮譽的時候，要怎樣發表講話呢？同樣，你也要把自己的這個榮譽變成大家的榮譽，讓大家覺得自己其實也是一個參與者，這樣對我們個人的形象才會比較好。所謂「個人的一小步，人類的一大步」，把「我」變成「我們」，應該成為你獲得成就時的第一反應。

再想深一步：當我們勝利的時候，還要進一步彌合觀念上的分歧。因為所謂勝利，一定意味著有失敗、有不如你的人。所以，怎樣跟失敗者在價值觀上尋找共同點，這是我們需要考慮的。不要說競選總統了，就算我們在單位裡比同時間進公司的人更早被提拔，這時候表態都要特別謹慎。千萬不要表現出「我贏了你們」的傲慢態度，而是要表現出「在我的領導下，你們可以成為更大的贏家」，這才叫作共贏。關於這方面，川普在勝選演講中說了兩句重要的話：

第一，「對於那些原本並不支持我的人，現在我需要你們的指導和說明」。

第二，「這不是一場競爭，這是一場偉大的運動」。

你看這話說得多漂亮：原本你們是不支持我的，那你們一定是對我的做法有意見；現在我贏了，我需要你們的意見，但這個時候你們的意見不是對我的反對，而是對我的建議、指導和幫助。

這句話的奧妙是，其實那些原本看川普不順眼的人，現在仍然跟他立場相左，可是這樣聽起來，就像是他們在共同努力了。按川普的說法——原本我們不是鬥得你死我活嗎？可是換個角度來看，我們其實都是同一個宏觀大局中不同的部分，我們在為同一首交響曲服務，我們這不是一場競爭，而是一場運動，只是分擔著不同的角色罷了。

如果把高度升到這裡來，對手就不能說什麼了。因為再怎麼說，也是對新晉總統的「指導和幫助」啊！

第三步：感謝盟友

當我們取得勝利的時候，最容易在這個時候出問題的，反而是當時支持我們的那些人。因為對手只能暗暗不爽，盟友才會真的被得罪。這就是為什麼在頒獎典禮上，那些獲獎者都會用絕大多數的篇幅來感謝自己的支持者，而且很多人都會拿出一個名單來照著念，生怕有所遺漏。

在川普的勝選演講中，他用了百分之七十的時間感謝自己的支持者。其中百分之十的時間，是以談「將來要做什麼」為名義來回饋自己的支持者，主要就是談要擴大就業，畢竟那些擔心自己的工作保不住的底層民眾是川普主要的選民，在這裡不得不提到他們。但是這些人畢竟是一個群體，提到也就夠了。所以接下來他用了百分之六十的時間，一個個點名表揚自己最重要的支持者，從他的父母到他的家庭再到他的副總統，還有林林總總的一些人物。

總之，感激致詞是越走心越好、越細緻越好、越具體越好。百分之六十這個比例很有意思，這其實說明在勝利的演講中，鞏固自身的盟友基礎才是最主要的目標所在。

—使用注意—

我們在做勝選演講的時候，首先要明白一件事：當你的勝利已經成為既定事實，它就已經不重要了。因為你就算不說，所有人也都知道你是最終的勝利者。這個時候，就應該致力於怎樣將除了你之外的其他人照顧好——他們可不是勝利者，但多關照一下他們，卻能讓你的這次勝利變得更有價值。

常用句型

●**我真的非常欣賞……**

坦率地說出對手讓你欣賞的地方，能充分地展示你的風度。但請注意，你所挑選的那些優點，必須是實在而具體的；否則聽起來就會像是虛偽的套話。

●**我們……**

少用「我」，沒事多用「我們」，能讓大部分人有代入感，也避免自己被孤立。

●**這不是一次競爭，而是一次運動……（或「這場競選沒有失敗的一方……」）**

任何競選、競爭、比賽都意味著是某種零和遊戲。你贏，就一定有人受損失。所以你要淡化這些概念，既團結了更多人，也讓自己的勝利更容易被接受。

如何做敗選演講

——典型錯誤——只有情緒，沒有風度

很多時候，不只是贏家會發表勝利宣言，失敗者也要有自己的感言。相較於勝利宣言，失敗者的演講側重點則不同，它更需要把握自己的情緒和講話的分寸，既不要讓人覺得自己輸不起，又不要真的顯得徹底消沉。如果我們恰好站在這個位置上，應該說些什麼呢？

失敗後的演講有幾種常見的錯誤：

第一種是強烈表達自己的不服，這樣顯得輸不起且沒有風度。做出這樣選擇的人一般都處於激動的情緒中，不夠理智。這類的演講很少會成功。

第二種恰好相反，是在失敗後一蹶不振，演講中流露出頹廢的感覺。這類演講如同是宣告自己在這場競賽中完敗，負面情緒很容易波及隊友與支持者。

敗選演講的目的是要彰顯自己的風度，甚至是為下一次競賽勝利打下基礎，而以上兩種態度都會起到負面作用。

─小訣竅─ 優雅地表現不服

我們同樣以二〇一六年美國大選中希拉蕊的敗選演講為例，看看如何在一篇演講中既能表示態度，又能展現風度。

在這屆美國大選中，希拉蕊民調一路領先，競選聲勢如潮，本以為勝券在握，結果還是被川普擊敗。她當然希望將「不服」藉由敗選演講表現出來，但如果你聽了她的演講，你就會發現，她的演講大氣、大度，還挺感人，完全沒有不甘心的那種扭捏。其實，她已經把這種不服氣巧妙地包裝在演說裡了。

綜觀她的演說，在「不服」這一方面主要表達了三點：

第一點：我不是徹底的輸家

希拉蕊在演講裡是這麼包裝的：

「我們的競選並非只關乎一個人，甚至也不只關乎一次選舉……」

「補充一句，我們參與的，不只是四年一次的大選，我們必須貫徹始終堅持下去。我們依然要盡己所能，推動我們的事業。」

這裡隱含的意思是：沒錯，這一次的選舉我們輸掉了，但是我們輸掉的也僅僅是這一次，我們後來可是會「貫徹始終」地堅持下去。未來，即使我沒成為總統，依然可以在自己的位置上推動自己所支持的政綱。所以，下一個四年中，我們還有各種機會，我並沒有徹底失敗，我們來日方長。

第二點：我輸了，但我沒錯

希拉蕊說：「我們要打碎所有阻礙實現美國夢的藩籬……」「不論你是移民、LGBT（同性戀、雙性戀及變性者）人士還是殘疾人士，你都可以擁有這份美國夢。」

看起來，這只是希拉蕊在給大家灌雞湯，然而其中隱含著對川普政見的攻擊。

之前的競選中，兩人政見中最大的分歧之一就在於移民政策和平權政策。希拉蕊一直堅守政治正確，堅持平權，強調要為移民、LGBT、殘疾人士提供更多的機會；而川普對少數人群的關注度遠低於希拉蕊，在移民問題上更是保守，還提出了一系列限制移民的措施。

希拉蕊演講中的「打破阻礙美國夢的藩籬」，暗指的當然是川普的移民政策，畢竟川普的原話就是「要在美國與墨西哥邊境上蓋一堵牆」。希拉蕊在敗選演講中再次肯定自己的政綱，其實就是在表示：我確實輸了，但我還是不認同你。

第三點：你贏是僥倖，我輸是有客觀原因

希拉蕊在演講中特別感謝了在Facebook匿名頁面上支援她的線民，其實就是暗指美國聯邦調查局對她郵件門事件的調查，影響了選民的判斷。

此外，她也暗示了另一點可能影響她成功的原因，她說：「我要專門對所有女性說，我們還沒能打破這個最高和最堅硬的玻璃天花板，所以，我們還要繼續努力，有一天，我們遲早要打破它。正在看我演講的小女孩們，你們也要加油哦！」

這也是在明確地暗示：他們不選我，搞不好就是因為他們歧視女性，我面臨的可是職場上「最高」和「最堅硬」的玻璃天花板，所以我輸掉，未必是我實力不行，而是有客觀原因的，那就是主流社會依然對女性領袖抱持著懷疑態度。唉，這就不是我的能力問題嘍！

希拉蕊把我們認輸當中常見的幾點不服心態，用更優雅、更得體的方式表達了出來，告訴對手：我輸了，可我沒有倒下。這種認輸不認錯的心態，一方面是向對手示威；另一方面也給自己人鼓了勁兒。

這種成功的表達，其中的要點是：以鼓勵、正面的角度進行闡述，而且很少從自己個人出發，選取的都是公眾的視角。她不說「我們來日方長」，而說的是「我們還要繼續努力」；她不說「你根本不對」，而是說「我們要繼續打破藩籬」；她不說「你們就是歧視女性」，而是說「你們（其他女性）以後要繼續努力，克服我今天沒克服的障礙啊」！

四項原則

輸給自己最不服氣的人，再心有不甘也要表現風度，下面這四項基本原則可以讓我們從容應對敗選後的局面。

第一，感謝盟友。認輸和道歉不一樣，不是要說「我錯了」，而是要說「我輸了」。在一場競爭中，每一方身後都有屬於自己的支持者和追隨者，所以即便是認輸，也要盡量避免讓支持者與追隨者也一起背黑鍋。所以，第一時間感謝盟友、肯定盟友的付出與偉大，是一個好的選擇。

第二，威脅對手。當然，這種威脅是彬彬有禮的，既要讓對方有所感知，又不能顯得太小氣、失風度。希拉蕊是怎麼說的呢？她說，我們要尊重川普，給他一個中立的態度，因為美國人有包容的傳統，我們包容了很多少數族群，比如非裔美國人、LGBT族群等。

希拉蕊的這一說法其實暗藏玄機：她首先說要給川普一個中立的態度。這句話的潛臺詞是：川普這個人形象不好，很多人不喜歡他。希拉蕊又提到美國有很多少數族群，而事實上這些少數族群大多數都是投票給希拉蕊的，這就意味著「我雖然輸了，但我還是有自己的實力在的，有很多人仍然是支持我而非川普的」。這就是柔中帶剛，認輸的同時不忘記強調自己的優勢，對對手也有一個威懾的作用。

第三，澄清誤解。失敗時必然會面對最直觀的印象：你不行。可很多時候，我們失敗往往是有客觀原因的，怎樣既不顯得推卸責任，又能點出真實原因呢？面對這一情況，希拉蕊講了一段非常精彩的話。

我們都知道，她的敗選跟美國聯邦調查局在投票之前，突然開始重新調查她的郵件門這件事情有重大的關係。這麼大的委屈當然要說，可是如果這個時候說自己敗選就是因為美國聯邦調查局，那自己的形象肯定會顯得特別難看。所以希拉蕊用一種看似不經意，甚至是開玩笑的方式提到了這件事。

希拉蕊說：「感謝支持者給我拉票，用你們的各種方式，比如登門拜訪、打電話，用你們的Facebook帳號發表資訊，甚至是用你們的私人匿名帳號發表資訊。」她在說到「私人」和

「匿名」的時候，在語氣上特別進行強調，她的支持者就知道這是在影射美國聯邦調查局對她的調查了，當場就哄笑起來。

第四，重建形象。這一點最為關鍵和重要。認輸雖然是一件讓人不好受的事情，可是我們要知道，這是一個很好的重建形象的機會，因為人們總是會本能地對於輸家抱有同情。

希拉蕊在敗選演講中提到：「最後我要跟年輕人說話，我要告訴你們，我為自己相信的東西奮鬥一生，你們才剛剛開始，但是不要停止為值得的東西奮鬥，是的，這是值得的。」她還專門提到：「現在正在看這段現場的小女孩們，你們要知道自己的價值和力量，你們要追求自己的夢想。」

雖然這種說法也是老生常談，可是放在這個場景下還是很感人的。這就是充分利用認輸的機會，把輸這件事情變得感人，變得與每個人相關，變成一段勵志的故事。本來是敗選演講，現在變成了勵志演講，語言的力量就是這麼強大。

—使用注意—

俗話說成王敗寇，一場選舉過後，贏家通吃，敗者往往會淹沒於人海，再無人記得。敗選演講的目的很大程度上是為了繼續保持存在，在失敗後還把自己的支持者團結在自己身邊，以備將來東山再起。這點希拉蕊做得非常好，從克林頓時代起，她屢屢經歷失敗，但沒有一次失敗徹底打垮了她，這也是我們選她做範例的重要原因。

常用句型

●我們的事業並非只關乎一個人，甚至也不只關乎這一次的勝負。

●我們參與的，不只是這一次的……我們必須貫徹始終堅持下去。我們依然要盡己所能，推動我們的事業。

●最後我要跟年輕人說話，我要告訴你們，我為自己相信的東西奮鬥一生。你們才剛剛開始，但是不要停止為值得的東西奮鬥，是的，這是值得的。

聽眾的信任決定演講的成敗

演講是臨場表現的藝術，有三個關鍵問題需要解決：第一，迅速贏得觀眾的信任和好感；第二，爭取大多數觀眾的認同；第三，化解某些場合下觀眾不想聽你說話時的尷尬。以下我們就從這三個方面來介紹幾則臨場表現的技巧。

迅速與聽衆建立信任關係

——典型錯誤——自吹自擂，既調高期待又難以取信於人

相信有演講經驗的人都會有這樣一種感受：聽眾的信任，往往會比實際內容更能決定一場演講的成敗。很多名人演講，仔細考究內容其實並無多少出眾之處，但就因為他們的名聲所帶來的光環效應，讓聽眾對他們自然抱持著極高的信服度。稍微一抖包袱，就是滿堂喝采，演講自然也就容易獲得成功了。所以，迅速獲得聽眾信任，是演講的第一要義。

可是很多人都以為，只需要堆砌過往的成就，講些江湖傳頌的美名就可以了。但是如果真

這樣做，就很容易顯得是在自吹自擂。而這種沿街吆喝、老王賣瓜式的手法，只會讓人覺得你是個江湖郎中，拉低了你的層次。拿黃執中來舉例。

假設某天黃老師到一所學校講座，如果上臺的時候，他用這種方式來介紹自己：

「各位同學，大家好，我呢，就是著名的辯論專家、演說之神黃執中，人稱寶島辯魂，從國際大專辯論賽到當紅的綜藝節目《奇葩說》，我曾在各項語言口才競賽中妙語如珠、談吐一流，獲得了無數獎項。不僅如此，我也經常受邀為許多政府機關、大型企業授課。而今天，我就是要來教大家在生活中要如何好好說話的。」

這樣的開場白，會讓我們覺得臺上這位講師真是大師嗎？像這樣吹牛的人，本身就會把自己的格調擺得很低，也自然很難獲得他人的信任。

不僅如此，就算有的聽眾真信了，這種方式還有另一個壞處，就是會讓聽眾產生一種挑釁式的高預期。任何人在上臺演講時，最怕的就是在開講之前，主持人就先用各種敲鑼打鼓般的介紹，把聽眾的預期調到最高。無論你是哪一種專業人士，都會在這種極端嚴厲的審視下顯得底氣不足。

——小訣竅—— 快速建立信任的兩步驟

第一步：先適當地降低聽眾的預期

很多時候，聽眾對演講者抱持著較高期待，甚至有的主持人已經在介紹階段將演講者的實力與地位大肆渲染，這個時候就需要適當降低觀眾預期。

先降低觀眾預期的好處，是能讓演講者在一開始暖身的時候不至於遭到太嚴苛的挑剔。還以黃老師為例，現實中他往往會這麼說：

「剛才主持人講的都只是一些場面話，那我今天呢，不是來給大家上課的，畢竟說話大家都會，我也只不過練習多、比較熟練而已。所以今天我要跟大家聊的主要也都是些我過往在長期訓練中所得到的一點經驗，希望能在分享後幫大家節省點時間。」

當然，調低完預期後，我們總不能讓人家真的覺得自己沒什麼了不起啊，這個時候你還需要做下一步工作。

第二步：在演講的過程中不動聲色地建立起他人對自己專業的信任

專業人士要迅速建立聽眾對自己的信任，有一個最好用也最好學的招數，英文叫「gold dropping」，也就是金塊掉出來的意思。這是一種很形象的說法——如果一個人想要炫富，那最好的方法不是脖子上掛金鏈、手上戴金表，而是穿著樸素，然後在走路的時候，突然一個不小心從口袋裡掉出一根金條，一邊撿還一邊道歉說：「哎呀，不好意思，金條太多，總有些沒收好的一不小心掉出來。」這時候旁邊的人一看就會覺得：「哇，這個人是個連在日常生活中走路都會不小心從口袋裡掉出金條的人呢！可見他有多土豪。」

而將這種心理運用在演講當中，就是要將我們最耀眼的資歷，以一種極為平淡的口吻，看似漫不經心地吐露在自己的演說內容裡。繼續以黃老師為例，他在演講中可能會這樣說：

「各位同學，你們要知道，在臺灣，許多的政治人物學生時代也都參加過辯論訓練。辯論是一件很普及的事情，就好比有一次我在跟吳敦義先生私下聊天的時候，就聽他談到他自己在學生時代參加保釣辯論，就是保衛釣魚島主權的辯論。哇，他那時候講得是意氣風發、得意非凡啊。」

這段話的主要的目的似乎是想介紹辯論的重要性，以及辯論在臺灣的普及程度。但在聽眾耳朵裡，他們腦海中迴盪的卻是：「哇，黃老師是個可以跟吳敦義私下聊天的人啊！」這就是典型的「（裝作無意）金塊掉出來」。

—使用注意—

這裡教給大家的方法，是一種透過間接的展示來避免觀眾反感的自誇方式，同時還包括先降低觀眾期待這樣欲揚先抑的曲折手法。而由於間接和曲折，所以在運用這類方法時，分寸感就變得尤為重要。否則，你的謙虛低調聽起來會真的像是沒有底氣，而不動聲色的自誇則要麼顯得刻意，要麼就被觀眾忽略了。

常用句型

●剛才那不過是……（或「我只不過是……」）

用「只不過」「而已」這樣的表述，將主持人的誇張介紹樸實化。一方面可以適當降低觀眾的期望值，另一方面也是某種不動聲色的自誇：剛才那些名頭聽起來好像很唬人，但我真的就覺得不過如此而已。

●有這麼一個人，不確定大家認不認識，他是……

用「順便一提」「不知道大家認不認識」來顯示自己並非有意要講這件事，而只是附帶地提一下。

●當年〇〇也曾經跟我這麼說，不過其實我覺得……

有時候，可以透過適當地對某些重量級的人物、事件提出相左甚至否定的意見，來反襯出自己的分量。例如，「金庸曾經對我這麼講過，但我覺得武俠小說其實還有別的路子」「如果你們也參與過國際空間站項目，就會知道這類東西其實不過如此」。

應對聽衆的衆口難調

──典型錯誤──演講一定要照顧每一位聽衆

做演講時，臺下坐的聽衆之間一定會存在很大的差距。他們有著不同的背景、不同的年齡、不同的學歷、不同的興趣點，甚至大家的笑點都是不同的。那麼，在一場演講中，我們要如何根據不同的情況和不同的聽衆來安排我們演講的內容、兼顧不同聽衆的需要呢？

這裡，很多演講者有一個典型的思維誤區，想讓自己的演講能照顧每一位聽衆，當聽衆中有一部分人不被演講吸引時，就會變得焦慮，影響自己的發揮。

然而事實上，演講不是要說給每一位聽眾聽的，所以你一定要做出取捨。一個想要討好所有消費者的產品註定會滯銷，而一個想要討好所有人的演講也註定會失敗。

—小訣竅—

選擇不同的順應策略

當聽眾的差異較大時，一個好的演講者總是會依照情勢，選擇不同的「順應」策略。這裡，我們介紹三種順應策略，分別針對不同的情勢。

權力順應

權力順應是指在一場演講裡，我們主要講給全場最有決定權的人聽。

我們去參加演講比賽，臺下黑壓壓地坐了幾百名年輕學生；而臺前評委席裡，坐著三五位四十多歲的評審老師。這個時候，我們的演講是要說給誰聽？

假設在這場演講比賽裡，我們用到了幾個網路詞語，我們會不會因為臺下那幾百個學生都很熟悉這些網路熱詞，就不用進一步加以解釋？這當然不對。因為決定權在評委老師手裡，我們必須要確保他們了解到自己講的每一個觀點。

權力順應的原則適合用在競爭類的場合，我們的演說目的或是擊敗競爭對手，或是促成對方做出決定。公司競標、商務談判，都是適合權力順應的場合。

比如，好多學生找工作的時候，都會遇到大公司所謂的「群體面試」。一個小組在面試裡不用回答面試官的問題，而是在一起選擇一個主題進行小組討論，最後面試官根據我們在討論中的表現進行評分。我們在面試裡的發言，可不是要打動、說服自己面試當中的每一位競爭對手，而是要把我們的概念和想法，清晰地展示給旁邊的面試官。

低階順應

低階順應是指，這場演講的內容要讓全場程度最低的人也聽得懂。

最典型的例子是學校的授課，或者飛機起飛前的安全須知錄影。此時，即使有些人覺得我們講得太淺顯，開始打哈欠，我們也要忍住。因為我們演講的目的不是精彩，而是普及；我們的任務不是為了獲得大家的掌聲，而是要讓每一個人都理解自己的意思。

低階順應的演講往往是功能性的，而不是觀點性的；低階順應的演講主要用於資訊傳遞，而不是說服鼓動。

多數順應

多數順應是指要針對聽眾裡的大多數。最典型的例子是政治人物的演講，或者銷售現場的推銷。他們一邊講，目光會一邊掃射聽眾，時刻根據大家的反應調整話題的節奏以及演講的深度，確保高收聽率。

很多精彩的演講都是多數順應的典型。因為它不像權力順應，只關注地位最高的幾個聽眾；也不像低位順應，難免說得太過淺顯直白。多數順應的演講，更多用在贏得認同、傳播觀點上。所以，多數順應的演講是最容易出色的演講。九一一事件後，美國總統小布希第一時間發布的政治演說，就是說服性和鼓動性的演講，也是多數順應演講的典型。

他在演講的開篇就提到「遇難的乘客，有白領、商人、公務員，有父母、有夫妻，有親人、朋友和鄰居」，透過一系列的身分定位，呼喚起大多數人的身分認同。他呼喚民眾團結一致，應對恐怖襲擊。演講中，他也會時刻留意與聽眾互動，用強烈的譴責喚起聽眾的注意；用足夠的停頓給聽眾時間思考；用磅礴的排比激起聽眾的感情。他採取多數順應策略，第一時間傳達政府的反恐決心。

—使用注意—

不同的順應也要面對不同的挑戰。權力順應中，要判斷權力何在；低位順應中，要忍受那些已經聽懂的人的白眼；多數順應時，我們要時刻注意群體的反應。總之，根據不同的場合和聽眾情況，只要精心選擇順應策略，我們就會收穫一個良好演講的開端。

常用句型

●在座的各位可能有各種各樣的身分，父母、子女、兄弟、丈夫、妻子，每個人都有想保護、想照顧的對象，所以，為了他們，我們要……（多數順應）

●接下來的話需要在座的每一個人都能拿出幾分鐘認真聽我說，以下的內容與大家的權益息息相關。（低階順應）

如何在大家不想聽的時候發言

—典型錯誤— 講自己的，不顧別人

在許多場合，我們會不得不裝模作樣地說一些自己都覺得很沒意思的話。就好比每次公司年會都要有上司致詞；每個婚禮都要邀請主婚人講話；每次影視圈頒獎典禮聽獲獎感言，獲獎者從頭到尾要用好幾百字發表感謝——先感謝親友、再感謝導演編劇、燈光老師、攝影大哥，他發表一通感言，歷史學家能給他整理出來一套家譜，搞得臺上臺下都很煎熬。

即便心裡有一百個不樂意，但該講還是要講，怎樣說才能盡量化解尷尬、盡到義務呢？很多人認為，既然講既定的主題大家不願意聽，自己也講不好，不如就借用這個機會自由發揮，講一些自己認為很棒的主題好了。這就陷入一個誤解，我們來看一個例子：

二十世紀最棒的數學家之一希爾伯特，有次在學生葬禮上致詞。面對前來緬懷的家屬朋友，希爾伯特很快跑偏，他提到學生生前對黎曼假設的證明裡有個錯誤。於是，他充滿激情地冒著雨在學生的墓碑前對大家說：「首先，讓我們來考慮一個複變函數……」然後滔滔不絕地講了很久黎曼假設，所有賓客都崩潰了。

這個故事是歷史上特別有名的段子，演講者希爾伯特沒有搞清楚他講話的目的和意義，按照自己的想法講，將一場有任務的演講變成了個人自定主題的脫口秀，最終不僅讓聽眾尷尬，也讓自己給別人留下了極不靠譜的印象。

——小訣竅——點破尷尬，講給重要的人聽

點破尷尬

面對儀式性發言，你知道大家不愛聽，大家自然也心裡有數，這個時候主動點破這個局勢，讓觀眾與你站在同一個立場上，反而能贏得更多好感。

在參加綜藝節目時，最不得不講的例行公事就是念廣告。但在《奇葩說》裡，念廣告這個原本最無聊的環節被設計得很有趣。節目裡，主持人越要假裝自己沒有拿錢打廣告，氣氛就越詭異。所以馬東念廣告的時候，不但不迴避，還刻意點破了這個場景，強調「都是廣告商逼我們念的」「不念他們不給錢」。這就點破了尷尬，反而拉近了距離感。

同樣，一個八竿子打不著的嘉賓，不得不應邀在一場晚宴上致詞時，如果他一上臺就說：「各位，我知道你們都想趕快開吃，但來都來了，主辦方委託，話還是要講，所以，你們就忍一忍吧。」這種不裝、直接點破的開場白，一定會讓氣氛輕鬆不少。化解了大家的焦灼感，接

下來的演講也就能順利進行了。

明確主題

點破了尷尬，自嘲之後，該講的話還要認認真真地講，這樣才對得起我們的身分和任務。千萬不要在上個階段點破了尷尬，得意忘形，把下面的部分也說成玩笑。婚禮上，主婚人致詞，可以這樣說：「雖然來來去去婚禮上的祝福都是那一套，今天我們也不例外，也要講這些，就請大家開開心心聽吧。」這樣開頭，會很有誠意。可接下來，「早生貴子」「百年好合」這些話，我們可一點都不能省，因為，這正是我們今天來的責任。在這種儀式性的場景中，「說對的話」的意義往往大於「說得有趣」。

找對聽眾

儀式性的發言裡，最在意的觀眾往往不是臺下的那些人。就像是在婚禮上，主婚人說話，其實是說給新人，而不是賓客聽的。在綜藝節目裡，觀眾也知道節目裡念廣告不是為了觀眾，而是為了廣告商，所以優秀的節目主持人經常在念完廣告後，代表觀眾對廣告商吐槽：「這樣念，你們滿意了吧？」「我們念得這麼好，你們要加錢！」

這種做法有個妙處，就算有觀眾真心不喜歡廣告，聽完幾句吐槽也會會心一笑。試想，在活動中，當嘉賓點破尷尬，接著完成了自己嚴肅沉悶的致詞，對著臺下的主辦方說：「這樣，你們滿意了嗎？」就算觀眾覺得剛才聽得很枯燥、很煎熬，但是看到我們幫他吐了槽，也會覺得輕鬆了很多，把場面又拉回到了開頭剛剛點破尷尬時的活躍氣氛。

—使用注意—

上面介紹的儀式性發言的技巧，需要發言者在演講人與聽眾兩個身分中跳動，既要代表演講者完成演講任務，又要代表聽眾合理化不願意聽下去的情緒。在代表聽眾時必然會獲得更多場下人的認同與好感，但是不能因此忘記自己的講話任務，按照我們上一篇介紹的內容，這畢竟是一場「權力順應」的演講。

常用句型

- 其實我也知道大家不愛聽，但是為了廣告商的利益我還是要念一段廣告。（點破尷尬）
- 雖然大家都急著吃飯，不過我們還是要先祝福新郎新娘。（明確主題）
- 也許這些祝福的話聽來有些老套，可卻是對這對新人最美好的期盼。（找對聽眾）

自信與表達的自我訓練

冰凍三尺，非一日之寒。平時的刻苦訓練，是鍛造演講能力的必需要素，而最需要扎實基本功的是自信的心態，以及清晰簡潔的敘述能力。

增強演講時的自信

—典型錯誤— 觀眾讓你沒自信？那就當觀眾不存在

關於演講，很多人最關注的問題就是：我沒自信該怎麼辦？

事實上，演講臺讓很多人望而卻步的原因也在於此。對於他們來說，生產演講內容並不是難事，但如果沒有建立好信心，再好的內容也難以發揮出來，甚至在演講過程中只要一失誤或是一遇冷，就會滿盤皆輸。

有些演講老師會傳授給學生一招所謂的「西瓜大法」，意思就是當我們上臺後，要把臺下觀眾的腦袋都當成一顆一顆的西瓜。這樣一來，我們說話的時候臺下就「沒人」了，我們講什麼都不會沒底氣，自然也就自信了。

這種方法有用嗎?當然沒有。試想，當我們上臺看到一堆西瓜，而且一顆一顆的都還會動，恐怕只會更緊張吧?更何況，我們演講的目的究竟是為了什麼?不就是為了能夠跟聽眾交流互動，好吸引他們，進而影響他們嗎?如果我們用這種方式隔絕了聽眾，只顧著喃喃自語，像機器人一樣說話，這樣的演講就註定會失敗。

—小訣竅— 負面練習，正面思考

要訣1：學會練習失誤

練習是為了成功，可是太執著於成功，反而會適得其反。這個時候，你就需要對失誤進行專門練習。要知道，我們一般人在練習演講的時候都著重於「順暢地講下來」，不順暢怎麼辦呢?一出錯就從頭來過，再出錯就再次從頭來過，直到全程講完都沒出錯為止。

這種練習方法雖然很勤勉，卻是不對的，因為練來練去都只是在練習沒出錯的時候該怎麼講，而完全都沒練習到一旦出錯的時候該怎麼講，等到正式上臺的時候，萬一出了一點小錯，整個人就懵了。平常一旦出錯的時候都是重來，那現在不能重來，該怎麼辦呢?反過來講，也正是由於完全沒有練習過「出錯之後該怎麼辦」，以致心裡有巨大壓力，不能允許有出錯的情形發生。所以，正確的練習方式其實是要在「練習正確」的同時，兼顧「練習失誤」。也就是說，我們在講話的時候萬一忘詞了、說錯了、傻住了，沒有關係，不要重來，不要暫停，當場想辦法圓過去，就算斷斷續續，也要把它繼續講完。像這樣多練幾次，練到不怕出錯，練到就算臨場出了狀況，也有信心把演講繼續下去。

畢竟，對我們一般人而言，演講的目的既不是為了做表演，也不是為了上節目，所以那麼努力去練習完美的版本是沒有意義的。我們真正要練習的，是如何與失誤這件事情共處。

要訣2：設定收聽率

很多人在演講的時候，一旦看到臺下有人在打呵欠、刷手機、交頭接耳，就會越講越焦慮，覺得自己講砸了，大家都不想聽了。其實對於任何一場演講，都不要要求自己能夠吸引到每一個聽眾，所以不妨給自己設定一個收聽率。

比如在學校裡，如果我們面對的是熟悉的同學，那麼給自己設定的收聽率可以是百分之八十。換言之，只要那些打瞌睡、刷手機聊天的同學沒有超過兩成，那就代表我們的演講是成功的。而在學校之外公開演講的時候，面對那些組成比較複雜的聽眾，那我們的收聽率可以設定在百分之七十，甚至是百分之六十。

設定收聽率有什麼好處呢？我們要知道，站在臺上演講，很多時候，明明刷手機的人只有那麼幾個，絕大多數的聽眾都仍然很認真地聽我們說話，但對我們自己來說，臺下再多友善的笑容都不重要，因為我們全副的心思都緊緊地扣在那幾個低頭刷手機的人身上。我們會覺得，如果自己不能吸引他們重新抬頭繼續聽我們講話，就代表我們今天的演講是無趣的、失敗的。於是我們一邊講，一邊看著他們，越看越沒信心，越看越害怕，其實，這時候我們只要把眼光轉向另外百分之八十甚至百分之六十的聽眾身上，對於今天的演講，馬上就會產生不同的評價。黃執中老師曾經有過這樣的經歷：

在一次演講時，全場的聽眾基本上睡翻了，但無所謂，因為他發現那天坐在前面第二排，有一個老先生從頭到尾面帶笑容地對他說的內容頻頻點頭，所以他也從頭到尾也就一直盯著這位老先生。對黃老師來說，那天的演講，他的收聽率就是百分之一，他依然很有自信，而且很盡責地讓那一位老先生覺得聽他講話很有收穫。

要訣3：正向解讀

但凡有自信的人，都有一個共同特色，那就是擅長正向解讀。

什麼是正向解讀？比如我們在演講的時候有個聽眾睡著了。對於某些演講者而言，他會對自己說：「我一定講得很無聊。」但同樣的情況發生在那些有自信的演講者身上，他們只會認為「這個傢伙昨晚一定沒睡好」。再比如，如果我們在演講的時候講了一個笑話，結果全場沒人笑，我們不用覺得是自己的笑話不好笑，很可能是這一屆的聽眾不行，他們的幽默感顯然都不太好。雖然這有些自我安慰的成分，但是要排除演講時的諸多干擾因素，這種心態是必不可少的。

—使用注意—

在演講中有自信，與準備一場成功的演講是有差別的。上了場你一定要相信自己就是世界第一，但是在準備過程中，還是要多考慮可能會遇到的問題。因此要注意，本篇內容主要是教你如何在場上正面解讀聽眾，使用收聽率這個概念來增強自信。但要成為一名優秀的演講者，場外的功夫也必不可少。場上要正面思考，場下依然要客觀分析。

常用句型

●準備一個與忘詞或口誤有關的小笑話。

即使是再熟練的演講者，實際演講過程中都有可能犯錯。因此，練習失誤的時候，不妨準備一個與可能發生的失誤有關的小笑話用以過渡，既讓自己心裡有底，到時也不至於尷尬。畢竟，沒有人會拒絕幽默。

●無論如何，我想剛才那個向我點頭的姑娘肯定是明白了。

不妨多提一提那些認真傾聽、與你互動的觀眾。一來，多關注他們能讓你保持自信；二來，也能讓其他觀眾產生一種「錯過了什麼」的落差感，從而吸引到他們的注意。

清晰表達自己的觀點

——典型錯誤——將說話當成寫文章

說話，最重要的是清楚、準確地傳達資訊，不讓人產生誤解是好好說話的基本功。在演講時，我們更要注意，將自己的觀點表達清晰。那麼，怎樣做到說話清楚呢？一般人都會告訴我們要言簡意賅、用詞準確、邏輯順暢……這些概念往往過於籠統，沒法直接落實操作，針對這一情況，我們來分析一下有哪些可以直接操作的小技巧。

很多人有一個很大的疑問：我文章寫得不錯，可是為什麼說話的時候別人就很難理解呢？

這裡有個迷思——說話清楚，跟寫文章清楚不是一回事。因為文章寫出來我們可以一遍遍正看反看使勁琢磨，可是話說出口就是說出口，沒有第二遍。很多寫下來看得挺清楚的內容，要是單靠說，人家還真不一定能明白。

比如，許多人有個習慣，平常路上沒事，喜歡下載一些經典文章的朗讀版聽聽，來代替讀書。這些文章，篇篇都是用詞精確、言簡意賅、邏輯嚴密，閱讀的時候覺得很舒服、很好理解；可是聽起來就很容易走神，一個跟不上，意思就會有誤解，非得倒回去重聽不可。

這就說明，聽和看還是有很大區別的，在說話的時候要讓聽眾覺得清楚，課堂上教的那套寫文章的方法是不夠的，我們還要學習專門的說話技巧。

——小訣竅—— 資訊的多維度表述

具體來說，透過口語傳播的時候，有三個方法能夠保證我們清晰、準確地傳達資訊。

關鍵資訊要多角度重複

演講跟寫文章最大的區別是，說過了就是過了，（至少現場）不能倒回去重新聽。而在關鍵資訊的表達上，「一遍過」絕對是有隱患的。

比如我們跟人約了時間，「八點差一刻集合」，人家很可能只聽見了「八點」和「一刻」，所以這時候我們必須再重複一遍，「也就是七點四十五」，這個重複，就是換個角度把自己要說的話再說一遍。

再比如，我們在演講時要表達一個論點，講完之後肯定要論證，一番擺事實、講道理下來，我們會發現，聽眾已經忘記自己最開始的論點是什麼了。這還算是好的，很可能我們講到一半人家就已經不記得演講主題了。這就需要我們反覆強調自己的主線，最後別忘了還要進行總結。

在口語傳播的時候，千萬不要高估聽眾的理解力。很多人都玩過一個遊戲，就是把一句話從A傳到B、B傳到C……基本上過五、六個人，這句話就會傳得面目全非、笑料百出，而這個遊戲最重要的規則，就是傳話的時候不准重複，只准說一遍。所以重複，特別是多角度地重複（怕大家覺得煩，同一句話講幾遍是不行的，你必須想辦法用不同的方式表述同一個意思），是避免誤解和歧義最好的辦法。

難懂的內容要主動留空白

你可能會覺得，演講的時候留空白，不就是冗餘、不就是廢話嗎？比如很多上司講話，都喜歡插入很多的「額……」「這個……」「那個……」之所以廢話連篇，出現這種讓人很煩的場面，是因為講話者的腦子比聽眾慢，不知道該說什麼又硬要說，就只能用些贅詞、水詞硬塞進去，給人拖遝的感覺，這樣當然不好。

不過你要注意，以上這種是被動性地留空白；而我們要教的，是主動性地留空白。所謂主動留空白，意味著我們腦子比聽眾快，但是要有意識地等一等，等聽眾明白了再繼續講。這又是口語傳播的一個特點了，因為我們必須要給聽眾留下足夠的反應時間。

人類學家發現，在只有口語傳播的時代，大家都習慣用很多贅詞，比如非洲人講童話、古希臘人講神話，都有一大堆沒什麼意義的語氣詞和形容詞，這是做什麼用的呢？就是有意沖淡資訊密度，給聽眾留下想像的空間和喘口氣的時間。現在我們聽評書、聽相聲，甚至是聽課，如果把人家說的話一句句寫下來，就會發現有一大堆的贅詞，可是如果把這些贅詞都去掉再念一遍，整個神韻就沒有了。為什麼？就是因為去掉了聽眾的反應時間。

所以，一段話「聽起來清楚」和「讀起來清楚」是不一樣的。如果不留下反應時間，讀起來清楚，聽起來未必清楚。不信下次演講的時候你留意一下，贅詞越少講得越快，我們會發現聽眾表情就越困惑。所以，有時候我們需要一些贅詞來增強互動感。

比如，馬薇薇講話的時候有個口頭禪，叫「對不對」。其實有什麼對不對啊？她當然覺得自己是對的，這就是在給聽眾留時間，讓他們想一想這話是什麼意思。等聽眾想明白了，她再說下一句。而且在面對面交流的時候，如果對方的表情比較困惑，那你就可以再多解釋幾句。

總之，正確使用贅詞，不是在給演講灌水，而是要讓聽眾有個反應的時間，能跟著聽眾的節奏來演講，資訊傳達也會比較順暢。

每個人習慣用的主動性的贅詞都不一樣，馬薇薇喜歡用「對不對」，黃執中喜歡用「你懂我意思嗎」，用什麼不重要，關鍵是找到自己最適合的一些表達。

複雜的觀念要進行操作性表述

「操作性表述」這個概念聽起來「高大上」，其實很簡單。比如，我們給別人指路的時候如果說，「過這個路口，先往東，再往南，再轉西，」大多數人腦子都會蒙一陣子。可是我們如果說，「前面第一個路口右轉，然後兩個路口都右轉就到了」，這樣聽起來就清楚多了。為什麼呢？因為不是每個人腦子裡都有東西南北的方向感，可是幾乎每個人都知道左手和右手。「遇到路口找東西南北」，這是個理論的思路；「遇到路口抬右手」，這是個具體操作的思路。後一個大家聽起來會覺得比較清楚。

有些上司講話喜歡拽大詞，什麼「高度重視」「大力開展」「全面深入」「苦幹實幹」，講了半天，底下還是一頭霧水，因為他們的講話缺乏操作性。而會講話的上司，則善於把這些大詞變成可操作的實在話。比如說，一間工廠裡要提高產能，應該怎麼跟底下的人說呢？有句很簡單也很傳神的話：「人可以歇，機器不能歇。」這種表述是最具有操作性的，比什麼「大幹快上」（注：大規模展開並快速執行）、「臥薪嘗膽」要好得多——不管你們想什麼辦法、怎麼排班，反正機器要一直轉就對了。圍繞這個目標來做事情，大家才能分解任務、各司其職，知道自己具體要幹什麼。

使用注意

在使用對應的技巧之前，應當先分析你想傳遞的資訊屬於哪一種類型，再根據資訊的類型對症下藥。例如，當你傳遞一個十分複雜的概念時，即便你用再多次的重複，或給對方再長時間的留白，也沒法讓對方理解你想傳遞的資訊究竟是什麼意思。這時候你很可能需要圖表來輔助演示。

常用句型

- 對不對？（或「你懂我的意思嗎？」）（主動留白）
- 過第一個路口右轉，過第二個路口左轉……（操作性表述）

避免說話囉唆

─典型錯誤─ 說話囉唆是嘴的問題

很多人都有被人吐槽說話太囉唆的時候，平時聊天也就算了，如果在當眾講話時總是犯重複、囉唆的毛病，聽眾可就不買單了。那麼，怎樣透過平時的自我練習，克服這個毛病呢？

其實，說話囉唆大多不是什麼表達問題，而是思考的問題。背誦一篇課文，誰都不會背誦得囉唆，更不會顛三倒四。而那些所謂說話囉唆的人，讓他深思熟慮去寫一段話，基本上也不會像平時說出來那樣沒條理。可見，說話囉唆本質上是因為沒有條理，想得不清楚，而不是單純的表達障礙。

─小訣竅─ 幫你理清思路

方法1：先問再答

「先問再答」對應的情形，叫作「不知所問，所以囉唆」。也就是，由於你沒明白聽眾到底想知道什麼，所以無法聚焦在真正重要的問題上。

比如說，上司問你：「你對這份企畫案有什麼看法？」你會不會把自己當時能想到的所有意見通通說一遍呢？有些人就會，因為覺得說得多，總能碰上對的吧。就好像以前考試回答主觀題，老師也是教我們能想到的都寫上，更容易得分。

但是你想想，如果真這麼幹，上司心裡的感覺是什麼？他才沒耐心像閱卷老師那樣只要有得分點就給分呢，畢竟時間寶貴，你繞來繞去說不到他想聽的，他自然會覺得你囉唆了一大堆，到底講了些什麼？

其實，這也不能完全怪你。因為「對什麼東西怎麼看」的這類問題，本身確實太過開放，可回答的方面非常多。這個時候，我們不妨透過反問的方式，讓提問方聚焦他真正的疑問，挖掘他想聽的方向之後再做回答。這就是我們說的「先問再答」。

繼續上面那個企畫案的例子：

你可以問一句：「您是指內容上的意見，還是操作層面上的意見？」或者「我對預算和流程都有點兒想法，您想先聽哪個？」很簡單的一句問話，讓對方幫我們聚焦，我們的答案肯定要比之前面面俱到什麼都講要精練得多。

順便提一下，考試答主觀題，我們要說多、說全，因為題目是死的，我們沒法問它問題、跟它交流。現在跟活人說話，就可以透過反問幫助聚焦，把主觀題變成選擇題，限縮答案，避免囉唆。而在公眾演講的時候，由於很難現場問觀眾，這就意味著你要把功夫做在事前，先了解一下觀眾的大致預期和需要解決的問題，才能避免雲遮霧繞、說話囉唆。

方法2：看人下菜碟

囉唆產生的另一個原因，很可能是因為我們低估了聽者的理解力。因為總擔心別人聽不懂，所以就有一種衝動，要把自己想到的東西一股腦地全說出來。要麼一個層次翻來覆去，正說反說都解釋一遍；要麼一個問題無限延展，面面俱到。

囉唆界的形象代言人——《大話西遊》裡的唐僧，他最出名的那個橋段就是跟孫悟空搶月光寶盒的時候說：

「你想要呀？你想要說清楚就行了嘛，你想要我會給你的，你想要我當然不會不給你啦，不可能你說要我不給你，你說不要我偏給你嘛……」

這麼一大段話裡，他的核心意思就是一句話：「想要就直說，說了就給你。」我們正常判斷，都會覺得這句話沒有什麼難理解的，一說就懂。而當你已經聽懂了，他還繼續解釋你已經知道的東西，自然給聽者的感覺就是囉唆。

所以我們說話的時候，非常需要大家進入聽眾的角色，去預判他們的年齡、職業、關係，以及對所談話題的理解程度、熟知程度，從而幫助我們做減法。根據不同的聽者，決定省略什麼、保留什麼，這就是「看人下菜碟」。

比如我們對女生說：「你這個包很漂亮啊，是不是很貴？」一般人回答時都會說「貴」或者「不貴」、多少錢，最多再加個牌子。可是對於愛包的女生來說，常常一提包就剎不住車了：

「好看吧？原價買的，跟范冰冰同款，花了我兩個月工資，我同事前兩天還買了一個更貴的呢！你千萬別告訴我媽，不然她一定會殺了我！之前她就數落我亂花錢，後來我都不告訴她了，根本不能讓她知道其實要兩萬多啊……」

這一大段回答，大家覺得囉唆嗎？我相信一定是有人覺得囉唆，有人覺得不囉唆。越是有相同經驗的人，就越不覺得囉唆；但對大多數對包包沒有什麼研究的人來說，我只問這包是貴還是不貴，你卻跟我說了一大堆明星的、你同事的、你媽媽的事情，這是幹什麼？一開始告訴我兩萬多人民幣就好了嘛。

所以，面對不同人，同樣的話也會產生不同的效果。

方法3：先講中心句

第三個常見情形是對方問得清楚、具體，我們想提供的資訊也一點兒都不多餘，但還是會讓聽眾產生囉唆的感覺。這種時候，問題就出在說話欠缺條理。就好比一堆橫七豎八的電線糾纏交錯，但凡見到的都覺得亂七八糟；可是如果整理得清清楚楚、一目了然，就會順眼多了。視覺效果如此，聽覺效果也如此。

那麼，怎麼把眼前的資訊整理成清楚的資訊，讓人一目了然呢？這就要求我們：長句要變短句說，一堆短句裡面的中心句要先說。還是上面那個買包的例子。

假設剛才那一大段，全部是人家想知道的必要資訊，你應該怎樣排列它們呢？別人問她包貴不貴，如果她說：「這個買的時候是原價不打折，跟范冰冰同款，花了我兩個月工資，我媽要是知道了肯定會罵我，兩萬多塊的包。」你聽了什麼感覺？是不是很亂？明明是好幾個短句，非連成一個長句說，使句子的結構不清晰，聽了半天，最後才聽到主幹意思，自然覺得囉唆。

截成幾個短句後，大概有這麼幾個意思：首先，包花了兩萬多人民幣，這是說價格；其次，用「原價不打折」「跟范冰冰同款」「兩個月工資」「媽媽知道了會罵」來描述這個價格算不算貴。

中心句是哪句？自然是「這包要兩萬多」，其他那些解釋「有多貴」的語句可以放後面。

所以我們換種表達來看看——

「你問貴不貴？當然貴啦，兩萬多呢。沒打折，跟明星同款，花了兩個月工資，千萬別讓我媽知道啊！」

你看，同樣的字數，這樣是不是就顯得精簡多了？

—使用注意—

在平時有意識的練習中，我們可以透過定時發言來練習。比如，要求自己把一件事或一個問題在二十秒內說完，用固定的時間來訓練自己篩選內容和組織語言。限定時間能有效逼著自己把話說精煉。我們練習的時候，第一次不滿意就重說，直到滿意為止，幫助自己養成長話短說的習慣，慢慢克服囉唆的毛病。

常用句型

●我對預算和流程都有點兒想法，您想先聽哪個？

用提問的方式確認對方想聽到的內容，避免囉唆。

●我認為是這樣的，原因有三點……

先講中心句，再說原因或其他描述類語言。

06
辯論

透過對抗爭取協力廠商支持

辯論，是一種「權力在他方」的說話場景。對話雙方的目標是爭取在場的或者某個預設的「中立協力廠商」，需要就針鋒相對的立場開展攻防。在五維話術體系中，相較於溝通、說服、談判、演講，辯論更強調對抗性，它對中立協力廠商的影響也主要是藉由對抗產生的。

對於普通人而言，辯論訓練對於提升反應力、洞察力和大局觀很有幫助。而在這個充斥著忽悠（唬弄）和不靠譜的世界裡，辯論思維也是一種必要的「心智防身術」。

準確地意識到對方存在的問題

反應和判斷能力可以說是辯論的基本素質，它們都是為了讓人準確地意識到對方存在的問題。反應慢，還可以慢慢練；反應錯，就會越走越偏。所以，我們將以反應為主題，談一談如何針對反應慢這個常見缺陷，以及「陷阱式提問」和「洗腦式唬弄」這兩種常見的問題。

反應慢怎麼辦？

——典型錯誤——他快他贏，我慢我死

很多人害怕跟人辯論，就是因為腦子慢、跟不上。他們覺得，辯論就像打架，全憑反應快。對方一拳過來了，如果要想很久才知道如何招架，自然就會被打趴。既然在辯論時誰都不願意吃啞巴虧，這時候問題就來了，大多數人反應沒那麼快，怎麼辦？

實際上這話對打架來說是真的，對辯論來說卻不一定。因為辯論不是兩個人之間的事，你

來我往、唇槍舌劍，其實是說給中立協力廠商聽的。單純只是反應快，只能噎死對手，不一定能贏得觀眾。說白了，要是只有兩名當事人，那也沒什麼可吵的；辯論的真正目的是為了讓大家來評評理。這與其說是需要「反應快」，倒不如說是需要「反應準」。

─小訣竅─ 以慢打快

反應快，當然是辯論時的加分項，但是這得慢慢練，由慢到快循序漸進，沒有什麼捷徑好走。不過對於初學者來說，首先要解決的不是速度問題，而是準確性問題。只要掌握複述問題、慢而不斷、化繁為簡這三個訣竅，不需要跟人比拚速度，也能穩穩當當地把道理講清楚，在激烈的爭論中捍衛自己的立場。

第一招：複述問題

很多人害怕辯論是因為心虛：「對方要是突然問我一個問題，答不上來怎麼辦？」可是你要知道，身為在辯論中全神貫注的一方，當我們反應不過來的時候，大多數觀眾其實也反應不過來。所以，無論如何，先不要擔心。

而且，很多問題我們之所以一時不知道該怎麼回答，是因為這個問題本身就「有問題」。

所以我們要做的往往不是回答它，而是把它用自己的話再複述一遍，好讓大家能明白裡面的荒謬。

比如，辯論的時候經常會遇到對方以這樣的邏輯抬槓：

你說你要減肥，他問：「你想餓死啊？」

你說你不穿衛生褲，他說：「你想凍死啊？」

你說這個雞蛋真難吃，他問：「難道你要吃雞毛嗎？」

很多人聽到這種話，都是一口老血憋在心裡，覺得對方胡攪蠻纏，卻又不知道該怎麼回應。其實很簡單，我們別著急地跟對方以快對快，我們要慢慢地重複一遍這個問題，大家就會發現它有多扯淡。

比如，你可以假裝笨笨地這麼說：

「你說我要吃雞毛？沒有啊？你為什麼會覺得我要吃雞毛呢？雞蛋不好吃，為什麼就會吃雞毛呢？好奇怪啊。」

可見，這些扯淡的邏輯都是藏在對方話裡的。你非要靠反應快，第一時間頂回去，反而容易中埋伏、吃暗虧。如果你不著急，慢慢把它複述出來，讓大家清清楚楚地看到對方有多荒謬，其實是一種更好的反駁。

第二招：慢而不斷

反應慢，其實在觀眾的心裡並不一定是劣勢。因為只要我們有一以貫之的邏輯，一步一步地慢慢講，觀眾心裡是會自動腦補很多潛臺詞的，比你像機關槍似地不停地說效果要好得多。但是一定要注意，不要偏離自己原有的邏輯，不要被對方帶跑了，我們的邏輯線不能斷，這就叫「慢而不斷」。

還是拿剛才那個例子來說。我說雞蛋不好吃，對方要我去吃雞毛，我如果真開始跟他討論雞毛不能吃，看起來反應快，其實就是被他帶跑了——

「雞蛋不好吃。」

「東嫌西嫌，那你為什麼不去吃雞毛呢？」

「神經病，雞毛又不能吃。」

「對啊，雞毛不能吃，雞蛋能吃，能吃的你覺得難吃，不能吃的你又不吃，你到底想怎樣？」

所以，真要辯論的時候，很多所謂反應快的人都喜歡糾纏一些特別無聊的問題，貌似以快打快，其實只是把辯論變成了鬥嘴，在旁人眼裡一點意思都沒有。

所以這個時候，我們要做的不是回應對方有關雞毛的問題，而是回到自己原本的問題上來——

「雞蛋不好吃。」

「東嫌西嫌，那你為什麼不去吃雞毛呢？」

「不好意思，我反應慢，不太理解雞蛋和雞毛的關係，我們還是回到剛才的問題上來。我覺得這個雞蛋難吃，是因為它太鹹了，如果你覺得這個雞蛋好吃，請給我一個理由，不要扯別的。」

其實，很多詭辯都是挖個坑讓我們跳。對方冷不防問一個問題，就是希望我們快問快答、沒時間思考。這時候，千萬不要跟對方鬥氣、你快我也快，而是要讓節奏慢下來。我們要經常問自己：對方這個問題跟我原本的邏輯是什麼關係？我有沒有必要回答他這個問題？

在這個時候，反應慢一點反而才安全。

第三招：化繁為簡

反應慢，是因為問題太多應接不暇，那不用想那麼多問題不就可以了嗎？其實很多時候，無數個小問題都可以包含在一個大問題裡面。只要掌握了這個大問題，就可以把那些小的東西歸納進來，不用一個一個去回應，自然就不存在反應不過來的問題了。這就像是無數條分岔的小路總歸要通到主路，我們只要把握住這條主路，在辯論中就不會迷路。

繼續上面案例的分析：當你說雞蛋難吃的時候，可能會遇到無數的反駁，但你仔細想想，無論對方反駁什麼，歸根到底，都是在質疑你吃東西的品味——所以只要了解這一點，事先有個預期，就能夠迅速地把所有問題都歸到這條最根本的主路上來。

比如，當你說這個雞蛋難吃時，對方說：「那你為什麼不去吃雞毛呢？」

你可以傻傻一笑，慢悠悠地回答：

「你這麼說，無非是要質疑我的品味嘛，可你知道我吃過多少種做法、多少個產地的雞蛋嗎？你沒吃過好的，有這種質疑也不奇怪啊。」

在這輪辯論中，最關鍵的一步是證明自己是有品味的，是有資格評價這個雞蛋的。既然萬變不離其宗，總歸是要講到這個問題上來，那你事先認真想想怎麼證明自己的品味不就行了嗎？既然敵人總要走這條路，你事先把工事修建好等著就行了，反應慢一點，又有什麼好怕的呢？

總之，很多時候對方所謂的「反應快」，都是建立在岔開話題、迴避核心爭議的基礎上。因此，做為反應慢的一方，我們最優先要做的事情其實不是快速回應、去占場面上的便宜，而是要沉下心聽清對方說的是什麼，再結合上面三個原則，自然就能把該講清的東西講清了。

—使用注意—

看到這裡，很多人也許會問：就算我也想照你說的以慢打快、慢慢講，可是萬一對方不給我時間，我該怎麼辦呢？

在此，還記得我們第二章提到的「買時間」策略嗎？可以回顧一下哦！

常用句型

●等一等，我反應慢，你不要騙我……

對於反應慢的人，最有效的避免落下風的方法就是努力讓討論節奏放緩。所以，多用「等一等」「好像哪裡不對吧」這樣的說法，先緩和節奏，之後無論是複述對方的問題，還是繼續自己的論述，都會更加從容。

●我們原本討論的好像是……

時刻提醒大家，我們原本討論的重點是什麼。這樣，即使場面上看起來可能暫時吃虧，但至少不會被帶偏主線。

●你無非是在說……

明確對方的潛臺詞和討論核心，擺脫對方的花招對自己的影響。

怎樣回應陷阱式提問

——典型錯誤——順著對方思路回答

生活當中，我們總會遇到一些人不懷好意的陷阱式提問。

陷阱式提問，俗稱「挖坑」。就是透過提問，來引導我們得出某個預設的、其實自己根本不同意的結論。最簡單也是最常見的例子就是：「老婆和老媽都掉進水裡，你要救誰？」除了拒絕入坑，沒有全身而退的答案。在生活場景裡，也有大量形式相近但卻更為兇險的陷阱。

而面對這樣的陷阱問題，一般人是如何應對的呢？

很多人在遭遇到陷阱式提問時，並沒有意識迴避，往往會順著對方的思路，跌落「坑」裡。例如：

在電影《動物方城市》中，兔子警官茱蒂找到了失蹤的發狂動物，受到了表彰。可是她在記者會上，卻毫無自知地連續陷入記者三個提問的陷阱。我們來分析一下其中的兇險。

記者的第一個問題：「野蠻化的動物，在種族上有什麼特別之處？是不是只有肉食動物野蠻化了？」

稍有常識的人都能看出，詢問罪犯的種族特徵，最終目的都是為了搞個大新聞，給某個種族貼上罪犯的標籤。但是兔子茱蒂完全沒有覺悟，老老實實地回答：「是的，目前只有肉食動物野蠻化了。」

於是，在第二個問題裡，記者就挖了一個更大的坑，問：「只有肉食動物『會』野蠻化嗎？」

請注意，茱蒂前面說的「目前只有肉食動物野蠻化」是一個事實描述，但記者後邊問的「只有肉食動物『會』野蠻化嗎？」則是一個非常危險、非常政治不正確的性質判斷。

更何況，從邏輯上來說，如果「我見到的變態都是男的」，並不代表「只有男的會變態」，所以目前發瘋的都是肉食動物，不代表只有肉食動物會發瘋。然而茱蒂並沒有識別出這個邏輯陷阱，她直接回答：「是的！」

而當記者追問第三個問題，也就是「為什麼肉食動物會野蠻化？」的時候，茱蒂可能已經懵了，為了圓場，也就是解釋清楚自己為什麼會這樣說，反而越陷越深，把局面弄得更加不可收拾。

她說：「可能跟DNA（去氧核糖核酸）有關係吧。畢竟，數千年前，肉食動物就是靠攻擊和獵殺來維持生存的……」話說到這兒，茱蒂的言論就變成了這場歧視風暴的源頭，再也不能翻身了。

——小訣竅—— 點破意圖

回顧以上的過程，你會發現陷阱式提問就像一個只進不出的巨坑，一旦陷入就會越解釋越糟糕。不過，其實只要一開始的時候，茱蒂對問題的走向有足夠的警覺，就可以繞過這個坑，還可以向在場所有人指出這個陷阱。這樣一來，就不會有人責怪她逃避問題了。

第一步：增強意識，發現陷阱

我們同樣用《動物方城市》的例子，來解釋該如何面對陷阱式提問。

記者：「野蠻化的動物，在種族上有什麼特別之處？是不是只有肉食動物野蠻化了？」

茱蒂：「我知道你很關心這些發狂的動物有什麼特徵，可我不明白，這跟種族有什麼關係。」

記者：「我的意思是，目前看起來，所有野蠻化的都是肉食動物，所以是不是說，只有肉食動物『會』野蠻化呢？」

茱蒂：「目前野蠻化的動物的確都是肉食動物，但相對我們動物城的人口數量，野蠻化的動物只是特例。沒有任何跡象表明，野蠻化與種族有任何關連，也沒有任何證據顯示，只有肉食動物會遭遇野蠻化的變異。」

所以，當涉及種族、政治等敏感問題時，要謹慎小心，提高防範意識，在對方問出問題時就發現陷阱，並規避它。

在這個例子中，茱蒂話說到這裡，其實就相當不錯了。然而這只是避免了自己掉進坑裡，接下來，我們可以用進階式招數對挖坑的壞人來一點懲罰。

第二步：斥責挖坑者的動機

再舉個例子，NBA（美國男子職業籃球聯賽）勇士隊的球員格林曾經遇到一個不懷好意的記者提問：「去年你們來休士頓比賽時，洪水一來，你們就輸了；洪水一走，你們就贏了。今年你們又來休士頓，也是洪水一來，你們就輸了，呵呵，你怎麼看？」

格林迅速就判斷出，這個記者應該是為了搏人眼球，故意炒出一條無聊的新聞，才會不斷向他暗示——他們的勝負和洪水之間似乎有什麼神祕的關連。

於是格林不僅直接拆穿了對方的陷阱，還順便怒斥了對方傷天害理的「陷阱式提問」。

格林說：「老兄，因為洪水，這裡的人失去了家園、失去了親人，甚至失去了生命。我們這些天一直在幫忙募捐，幫忙做這做那。你呢？你居然有心情拿洪水跟我開玩笑？我真是為你感到羞愧！」

格林的怒火，不僅沒有被看作公開場合的失態，還獲得了非常正面的反響，讓大家對他的人品分外尊敬。所以，不要害怕遇到類似這種帶坑的問題，如果能發現、拆穿並痛斥對方的陷阱，它還能轉化成一個公眾表達的好機會。

—使用注意—

需要說明的是，我們這裡講的陷阱大多是面對公眾，你的回答可能會在輿論中被誤解，所以才需要格外注意。

但生活裡有些類似的問題與公眾無關，比如女朋友問你跟前任是怎麼分手的，面試官問你你最大的缺點是什麼。這些問題雖然也是坑，因為怎麼回答，說輕說重都會有問題，但是他們只是想要了解你的看法，犯不著拆穿和指責。

常用句型

●你這種問法只是想透過我的話來證明〇〇的觀點，但事實卻並非如此。區分事實與觀點，避免被對方帶入陷阱。

●你這樣提問只是想套出我的話，並扭曲報導，我真為你有這樣的想法感到羞愧。點破對方用意，先發制人。

反唬弄的心智免疫法

─典型錯誤─　怕被唬弄？那我不聽總可以了吧？

如果有人拿著似是而非的東西來唬弄我們，想給我們洗腦，應該怎麼提防呢？

有人可能會覺得，不被唬弄還不簡單，不聽他的不就行了，頑固一點不就行了。可是，滿大街都是廣告，我們能一眼都不看嗎？每天都會接觸各種洗腦術，我們能什麼都不想嗎？如果只靠堅定的意志就能站穩立場，世上也就沒那麼多騙子了。

這就好比練武術，沒有哪個師傅會告訴你只學進攻就能習得武術，別人打過來時我們死扛不認輸就行了。不管是閃轉騰挪還是見招拆招，防禦總是一個重要的練習項目，和練習進攻一樣需要下功夫。而不被唬弄的實質就是心智防身術，心智防身術中最常用也最好用的技巧就是「心智免疫」。

─小訣竅─　先打預防針

第一步：關鍵字脫敏，做到態度免疫

很多人覺得，不接觸不同觀點或者見到不同觀點就一棍子打死，肯定就不會被唬弄。其實正好相反，有些唬弄是春風化雨、潤物細無聲，我們想拒絕都不知道從哪裡開始；有些唬弄是故意激起我們的反駁，然後打一個防守反擊讓我們猝不及防。所以關鍵不是塞上耳朵不聽，而是態度上要脫敏。畢竟，人被忽悠、唬弄是正常的，防忽悠是必需的，遇到忽悠不著急、不上火，這才是正確的態度。

要知道，你對某件事越是敏感，反應越是激烈，你反而越容易受影響。為什麼呢？就像皮球壓得越緊，反彈就越厲害；鐘擺拉得越高，擺蕩回去的幅度就越大。所以，當你發現事情沒有你想的那麼嚴峻的時候，你的態度最容易被過度修正。

舉個例子，據警方總結，很多人誤入非法傳銷據點，第一時間當然都是抗拒的，因為他們根深蒂固地認為，傳銷者都是一群面目可憎、兇神惡煞的傢伙。可是，為什麼最後他們卻被洗腦成功了呢？就是因為進了傳銷據點一看，那幫傢伙也沒那麼可怕嘛，既不打也不罵，天天拉著自己唱歌做遊戲，端茶送水講笑話，反而顯得自己一開始的拚命抗拒很可笑。所以反應過激其實反而使自己更脆弱，因為這意味著你很容易被敲開第一條裂縫。

當年美國著名的邪教團體「大衛教派」，便是利用外界對於他們的過激反應來加強自己信徒的忠誠度的。他們的「教主」會指著報紙對信徒說：

「這上頭寫著，你們都是受迫來的！」

（信徒笑）

「你們每天生活在痛苦與絕望中！」

（信徒笑）

「上頭還說，我每天都用謊言在給你們洗腦！」

（信徒大笑）

「而你們知道，誰才是給你們在洗腦嗎？這些充滿謊言的報紙、媒體……才是在給外面那些人洗腦！」

同樣的道理，有些對傳銷特別敏感的人也會不管對方說什麼都是一句：「你們是來騙我錢的，我信不過你們！」

可是，如果人家一開始根本不跟你談錢，你不就尷尬了？事實上，善於唬弄，就是善於給炮彈包上糖衣，人家好言好語叫你去「聽課」，而且還現身說法，講自己當時也跟你一樣有抵觸情緒。這一來二去的，你的態度自然就會軟化，甚至會覺得伸手不打笑臉人，反而自己顯得理虧了。

所以，面對洗腦，脫敏是第一步。

第二步：模擬辯論，做到論點免疫

疫苗之所以能起作用，是因為它能讓我們的免疫系統知道病毒長什麼樣子；而我們要防唬弄，也正是要模擬對方可能使什麼招。在辯論上，這個環節叫「模擬辯論」，簡稱「模辯」，就是在辯論前把對方所有可能的論點都在底下過一遍，先想想怎麼駁，這樣上場之後，自然就能做到論點免疫。

還是拿傳銷洗腦來舉例。傳銷組織把人穩住之後，就要開始跟他們講所謂的「道理」了。而且他們早有準備，會針對一般人對傳銷的反對理由逐條進行反駁。

如果你說：「傳銷不合法。」

他們會說：「不合法，但也不違法啊！因為根本就沒立法嘛！」或者說：「我們是直銷，不是傳銷，那些非法傳銷跟我們沒有關係。」

而如果你追問：「你們不違法為什麼非要騙我過來？」

他們會說：「騙有善意的騙和惡意的騙，我們這是善意的啊。」或者說：「直說會引起誤解，而且直說也說不清楚啊。」

類似的反駁還有很多，甚至還有說國家暗中支持傳銷的，總之就是人家已經預料到大多數人會問什麼，早就準備好了該怎麼說，這些都是套路。

所以，之所以很多人都會被傳銷組織洗腦，就是因為別人有對策，我們沒有對策；對方已經摸清了我們的論點，我們沒有摸清對方的論點。這就跟打仗一樣，誰事先對敵人了解得透徹，誰在實戰的時候就占上風，正所謂「知彼知己，百戰不殆」。

你稍微用常識想一想就會知道，不是每一個違法行為都需要專門立法來禁止的，不然國家得出抬多少部法律。又比如說，靠發展下線賺錢一點兒都不「直」，還談什麼「直銷」呢？再比如說：「你都把我騙過來了還說是善意的，那你有本事買張機票善意地送我回去啊？」這些反駁其實並不難，只要花點時間認真想想，你自己就能琢磨出來。關鍵是要事先在腦子裡過一遍，不然臨場真不一定反應得過來，很可能一下子就被對方說動了。

第三步：模仿表達，做到影響力免疫

如果透過模擬對方的思路已經做到了論點免疫，那就可以進入最後一步——透過模仿做到影響力免疫。這就是說，很多時候，對方之所以有說服力，倒不是因為觀點有什麼了不起，不是邏輯和論據讓人心服口服，而是因為有極強的渲染力和表現力，能繞過我們的理性，直接在感性的層面起作用。

比如，早年萬寶路香菸有一則非常著名的廣告，畫面是健碩的西部牛仔，一邊騎馬一邊吸菸。它講了什麼道理嗎？沒有，但就是讓我們本能地覺得吸菸很酷。

這個時候，就只能以毒攻毒——你不是不講道理嗎？我也不講道理；你不是很酷嗎？我就模仿你那個樣子讓你不酷。

有一則反對吸菸的公益廣告，就直接拿萬寶路的牛仔形象尋開心。你不是牛仔嗎？我也牛仔；你不西部嗎？我也西部。我每個細節都跟你一樣，甚至演員都長得差不多，只是他一邊哆嗦一邊咳嗽。這叫二次創作，通俗點說就是惡搞。看過這則廣告的人，再看那則所謂萬寶路牛仔的形象，味道就變了。

美國有些中學做過嘗試，只要給學生上二到六小時預防吸菸課，讓他們看看這樣的反吸菸廣告，講解一下怎樣抵制來自同伴的吸菸壓力，青少年在未來兩年內開始吸菸的比例就能下降一半。這就是「影響力免疫」的力量。

—使用注意—

所謂的唬弄和洗腦，目的都是要改變我們的態度。換言之，當我們抵抗唬弄和洗腦的時候，其實也就是抵抗被改變。所以，它雖然會讓你不容易被影響，卻也很容易讓你變成一個頑固的人。

因此，這些技法其實是中性的，我們只能教你避免受影響，至於要挑選什麼樣的對象還得靠自己判斷。

辯論的核心能力是反駁

辯論所需要的核心能力，是對謬誤的反駁。有一些神邏輯，我們只是隱隱覺得哪裡不對，卻怎樣都說不清楚問題到底出在哪兒，只能瞠目結舌、暗暗生氣。正所謂書到用時方恨少，人在遇到謬誤的時候，往往才發覺自己的辯論水準不夠。那要怎麼提高呢？下面，我們以三則常見的神邏輯，也就是「認真你就輸了」「你行你上啊」「我走過的橋比你走過的路還多」為例，給你示範辯論中的反駁之道。

如何反駁「認真你就輸了」

——場景——用態度定輸贏

抬槓，也是人際交流中常見的一環。你可以不喜歡它，但是你不可能避免它。有一句經常用來抬槓的話，叫作「認真你就輸了」。雖然對方說這句話的時候大多只是調侃，但是嚴格來說，這種把「討論道理」變成「討論態度」，並且事先挖坑給對方跳的做法（因為接下來無論你較真還是不較真，似乎都有問題），在辯論上其實有點滑頭，甚至有點流氓。

很多講道理的人，之所以面對這種流氓思路時會敗下陣來，最主要的原因就是太容易順著對方的思路走。當他們千方百計地想跟對方解釋問題，結果對方一副死活不講道理的樣子給自己來上這麼一句，大部分人當場就會內傷。有些人開始納悶：「我怎麼就輸了？」有些人則開始檢討：「我真的是太認真了嗎？」

──小訣竅── 拋開輸贏

第一步：「我在講道理，只有你在講輸贏」

當對方用這樣的神邏輯針對你的時候，你第一步就要指出：「你會這麼說，就是因為你已經講不出什麼道理了，只好避重就輕，跟我談態度問題。」

更重要的是，在講道理的時候，我們的目的本來就不是為了要贏過對方，可是當對方說出一句「認真你就輸了」，就說明對方只重輸贏的低級本質。這樣一來，我們便可乘勢確立自己「認真、講道理、不在意輸贏」的形象。不要忘了，辯論本來就是針對協力廠商的說話場景，所以你要做的不是噎死對方，而是要爭取旁人的眼光。

第二步：「如果講輸贏，那你已經輸了」

辯論中有一個常用技巧，叫作「同理反抽」，意思是根據對方的邏輯（同理），得出反駁對方的結論（反抽），也就是「以彼之道還施彼身」。道理很簡單，對方的邏輯既然是錯的，那這個錯誤的邏輯用在對方身上，他一定也是受不了的；而由於這個邏輯來自他自己，他又不好否認，這自然就形成了一種漂亮的反駁。

所以，當對方說「認真就輸了」，你可以想一想——對方這樣說，就是把「認真」當成了壞事，可是對方自己有沒有認真的地方呢？如果對方說這句話本身就有認真的成分，那對方把「認真」當成反對你的理由，不是自己打自己的臉嗎？

想通了這一點，你可以淡淡一笑，說：「我們只是在討論而已，你居然會計較輸贏，幹嘛這麼認真呢？」之前你只是在講道理而已，並沒有提到輸贏，而對方居然先提到輸贏，那根據對方「認真就是輸」的推理，顯然對方更認真，輸得更慘。這樣，對方就被自己的邏輯噎得啞口無言。

當然，我們的目標並不是把對方噎死，而是爭奪話語權，並且進一步提出自己的解決方案。當對方在自己的道理領域覺得理虧時，正是他話語權最弱的時候，所以接下來我們要做的就是第三步。

第三步：「嫌我認真，我就要更認真」

對方嫌你認真，就是希望你不要認真，可是如果在這個層面上討論問題，你就永遠不可能贏過他。話說到這一步，你就要擺出比對方更高的態度，進行「降維打擊」。

什麼叫「降維打擊」呢？就是不跟對方在一個層面上說話。具體來說，我們是三維生物，紙上的畫假如有生命的話，就是二維生物。低維度的生物理解不了高維度的生物。正如我們能理解畫意，而畫裡的生物即使有知覺，也不能理解我們是如何在空間中存在的。所以，所謂「降維打擊」，就是讓對方覺得自己根本和我們不是一個世界的人，我們的層次遠遠高於他，有一個不一樣的「維度」存在。這種打擊才是致命的。

所以，在對方被我們噎得說不出話的時候，我們要重新定義他對於輸贏和辯論的認知：「傻孩子，所有的辯論，目的都是為了解決問題，所以辯論本身就是一件很認真的事。如果我們不認真，幹嘛在這裡浪費時間呢？我不知道認真會不會贏，但是我知道不認真就一定會輸。現在，我們就一起來認真地討論一下問題吧。」

在這裡，我們首先是在目的上顯得比對方更為成熟大氣，完全不是為了發洩情緒；其次，在輸贏看法上，化你死我活的輸贏爭奪為大家一起解決問題的雙贏解決方案。無論這個解決方案是否高明，起碼會比對方完全沒方案要更合理，也更得體。

─使用注意─

首先你要區分，對方說這句話的出發點是在開玩笑，還是真的打算噎你。

比如對待網路上的一些段子，你問他：這是不是真的啊？對方回答：認真你就輸了。這時雙方哈哈一笑就過去了，不需要來這麼一套。

可是對待網路上某些可能的謠言，或雙方認真討論某個話題時，對方再使用這種反駁技法，我們就可以依照上述技巧反駁回去。

常用句型

- **我在乎的是道理，原來你在乎的是輸贏啊！**
- **既然如此，這麼認真計較輸贏的你，豈不是已經輸得很慘？**

如何反駁「你行？那你上」

──典型錯誤── 上就上，誰怕誰

世事任人評說，對事情發表評論，本來是每一個人的權利。但是有時候，我們只是想簡單地表達一下自己的看法，卻會遇到這樣一個神邏輯：對方一臉不置可否，只扔來一句「你行你上啊」。

此時，我們也知道對方說這句話的目的是為了嗆聲，故意惹我們生氣，但如果真的一時衝動，選擇了「上就上，誰怕誰」的態度，反而更容易落入對方的陷阱——更何況多數情況下，我們也真沒能力上。

──小訣竅── 責任反彈

對方之所以會產生「誰行誰上」這樣的態度，是因為他們對自己的角色認知與聽者不一致，或者他們不想承擔自身角色對應的責任。說白了，他們就是想把自己應該承擔的責任丟給我們，所以這時候我們的第一反應應該是穩穩接住對方的嗆聲並且反彈回去。我們有三個方法，它們沒有優劣和先後之別，只是應用場景稍有不同。用了這三個方法，對方不一定會服氣，但我們自己肯定不會再生氣；對方不一定會認錯，但大家都會知道他錯在哪裡。

方法1：澄清各自的角色

如果和對方壓根兒沒什麼交集，我們可以直接澄清，彼此角色不同，自然責任也不一樣，所以我們既不需要「行」，也不需要「上」。

比如，很多網友早就被「你行你上」這句話煩透了，所以他們會直接回覆：「我怨個雞蛋不好吃，還得自己會下蛋不成？」這就是透過類比來告訴大家，角色不同，責任也不一樣。

又比如，人人都嗆中國足球踢得爛，但總有些很討厭的人會在旁邊說：「老說中國足球不行，那你行你上啊，讓你去踢，你踢得下去嗎？」這時候，我們完全可以回應說：「你讓我踢，我是踢不下去；那讓你看，你又看得下去嗎？如果不是國足不行，難道還怪觀眾不行嗎？」

這種說法，其實是在強調球員踢球不容易，觀眾看球也痛苦，大家各有各的責任，各有各的難處。所以，我不要求你忍，你也別強求我踢。

但是，如果我們和對方有交集，製造的問題對自己有影響，那就需要換一種方法。

方法2：指出對方在逃避

「你行你上」這句話的核心邏輯是：如果你有這個能力把事做好，就應該直接把這件事做了；如果你有更好的方案，就應該直接提出，總之你不許說我。所以在實際使用中，「你行你上」這種說法，往往只是對方為了逃避責任的托詞。這個時候，你完全可以大大方方地承認自己就是不行，把對方架在制高點上，使其下不了臺。

說個實例。邱晨上中學的時候人緣不壞，但是特別喜歡較真兒，一會兒抱怨學習委員學習不好，一會兒抱怨班長辦事不力。比如：

「班長，你辦事怎麼這樣呢？」

「那你行你上啊，你以為班長這活兒好幹嗎？」

「我就是知道自己不行，才沒有競選班長嘛！你既然當選了，我以為你一定比我行呢，看來是我看錯你了！」

話說到這個份兒上，對方還能逃避自己的責任嗎？畢竟，地位越高，責任越大，你行，你已經上了，那我從下往上批評你，你又能抱怨什麼呢？

方法3：鎖定對方的責任

當對方的存在本身就影響著我們的生活時，我們可以直接鎖定對方真正的責任。只是有時候我們忽略了「機會成本」這個概念，無法分辨對方真正的責任是什麼，才導致會被「你行你上」這樣的話噎住。

不知大家有沒有想過，我們看某個人不順眼，僅僅是因為他事情辦得不夠好嗎？不。我們之所以不爽到一定要批評某個人，是因為他占據了位置、消耗了資源，還排擠了其他可能把事情辦好的人，這就叫「機會成本」。因為這個世界本來就不是或至少不完全是「誰行誰上」的，上位的機會那麼有限，有你在，其他人就沒有機會。

所以在大多數情況下，「我做到這一步已經很不錯了」並不足以為你辯護，因為很有可能別人會比你做得更好。所以，對方最大的責任不是事情沒做好，而是浪費了世上最稀缺的資源——機會。

在某次演講中，樂視的首席執行官賈躍亭抱怨百度（Baidu）、阿里巴巴（Alibaba）、騰訊（Tencent）組成的BAT搞壟斷，害得其他創業者無路可走。馬雲就問他：「如果你成了BAT中的一員，你會做得更好嗎？」我不得不說，馬老闆的這個問題很巧妙。當時賈老闆就懵了，說了幾句大而化之的話，就讓這個問題滑過去了。

其實，賈老闆錯失了一次大好機會，去鎖定BAT做為大企業的真正責任。他完全可以說：「馬雲老師，每個創業企業面對BAT時都會希望『長大後我就成了你』。但壟斷的後果就在於，你讓我永遠成為不了你。所以你問，「我成了BAT的話會怎樣」，我可以坦誠地告訴你，我不知道，也沒人知道，因為這位置你占著呢，而這就是壟斷真正的問題！」

在這種情況下，如果我們只談自己做得好不好、能不能上，就掉進了對方的陷阱。所以正確的做法是，既然要回應，就要鎖定對方的真正責任，那就是占據了機會、浪費了可能性。

─使用注意─

對方使用「你行你上」的嗆聲時，並不一定會用出原話，要注意對方用語的變形，比如，「抱怨是廉價的，有本事你自己來啊」「指責別人容易，自己做好才難」，諸如此類。它們形態不一，但邏輯相似。以上所說的應對技巧，不僅是想幫助我們別被無賴嗆住，更希望我們能理解這背後的邏輯，別不小心犯了相似的錯誤，製造出同樣的問題。

常用句型

- 我就是知道自己不行才沒上的，你上了，我還以為你行呢！
- 就是因為你一直處在這個位置上，我才上不去的啊！你想讓我上，你先下來好不好？

如何反駁「我走過的橋比你走過的路還多」

——場景——不能頂嘴，但心有不甘

我們常常會遇到一些人特別喜歡以長輩和「過來人」的姿態，對我們的生活提意見。說好聽點兒叫提意見，說難聽點兒叫指手畫腳。我們如果不聽，人家是長輩，不能得罪；如果聽，又覺得他們說得不對，心裡很悶。

這種有苦難言的情景，在每一次逢年過節的家庭聚會都會上演。剛畢業的要面臨擇業的迷茫，單身狗要面臨被催婚的苦惱，各家大姑、小姨、他二舅輪番轟炸，個個苦口婆心。一開始的時候，我們一般都還能保持理性和克制，跟對方擺事實、講道理，告訴對方時代不同了、環境不同了、觀念不同了，舊的經驗未必能解決今天的問題，他們眼中的問題在今天都不是問題，等等。

這樣做都是理性和友好的，值得肯定。如果對方是個講道理的人，可能會理解我們的選擇。但現實往往是，我們就事論事、道理講盡、嘴皮磨破，然而對方不想跟我們講道理，只會不斷重複那幾句老話：

- 「聽我的準沒錯。」
- 「我走過的橋比你走過的路還多。」
- 「有些道理，等你到了我們這個年紀就知道啦。」
- 「我們怎麼會害你呢？」

這時候，做為晚輩的我們常常就被噎住了。他們這麼講，我們還能說什麼？

──小訣竅── 強調「我」才是主體

很多人覺得，這些話簡直無法反駁，主要是陷在了這句話的字面意思裡。是啊，他們確實是年紀大、閱歷多，但我們換個思路想想，即使這些都是事實，也不代表我們就得聽他們的。反駁這句「我走過的橋比你走過的路還多」主要有三種思路。

思路1：在偏好問題上，指出它與經驗無關

當長輩指點我們的時候，有些問題是屬於個人偏好。而青菜蘿蔔各有所愛，在偏好問題上，一個人的經驗是多是少是沒有關係的。就像你喜歡看愛情片，我喜歡看動作片，這時候

你擺出一副老經驗的姿態告訴我：「我看過的電影比你多多了，告訴你啊，看電影就要看愛情片。」請問這種建議有意義嗎？

所以，如果我們的方向根本就不一樣，他們的經驗就沒有用了。

又比如說，長輩給我們介紹的相親對象顏值爆表、才貌雙全，可偏偏不是我們的菜。

「我上次給你介紹的對象，你怎麼老是不願意去跟人家見面呢？」

「不是啦，二姑，我真是覺得不合適。」

「你這孩子，二姑難道會害你嗎？我走過的橋比你走過的路都多，這個姑娘錯不了。」

「二姑您誤會了，您閱人無數，經驗當然沒的說，這姑娘一定是好的。我的意思是，喜好這種東西跟經驗沒關係，您的經驗再多，這方面也幫不上我的忙。」

思路2：在成長問題上，點明經驗的真實價值

有時候，長輩指點我們的內容是他們在過去成長過程中所得到的教訓，這屬於成長中的經驗之談。

比如案例中那位二姑，還可能這樣說：

「傻孩子，二姑當年也跟你一樣，挑對象都挑自己喜歡的，死活不願意聽長輩的。我告訴你，過幾年你就知道吃虧啦！」

乍一看，這種指點很難反駁，因為她會用經驗告訴你，你現在所做的抵抗和她老人家當年是一樣的。不管你怎樣抗拒，她都會拿自己當例子，說你現在正在走她當年的老路。

可是再進一步想一想，真正值錢的經驗一定是在試錯中積累的。所以，他們在這裡其實存在一個悖論：如果用老資格壓你的長輩自己年輕的時候對長輩也是言聽計從的，那他自己的「經驗」其實根本就沒有意義，只不過是對上一輩人的複製；而如果他的路是自己跌跌撞撞走出來的，那就意味著他之所以有資格教訓你，恰恰是因為他自己並沒有遵循老一輩的教導！

有趣吧？明白了這個道理，你就可以這樣應對。

「我走的橋比你走的路還多，信我準沒錯，你也不想再走我當年的彎路，是吧？」

「二姑，您之所以會有這些寶貴的經驗，也是因為年輕的時候沒聽人勸，而我如果現在就照您說的做，我的人生就沒有經驗了。」

其實，這招的思路就和遊戲裡打怪升級是一個道理，有怪出沒，不見得是壞事，反而是個攢經驗值的機會。所以，對方看似助我降妖除魔，實際很可能是揠苗助長，這是你要想讓對方明白的道理。

對比一下，如果你不用「借力使力」的辦法，而是直接否認對方經驗的價值，比如：「您走了這麼多路，現在好像也沒有很了不起啊？」這就屬於大不敬了，諒你也不敢。所以，當我們既希望否定對方的觀點，又要尊重對方時，就只能用捧對方的辦法，借力使力，暗渡陳倉。

思路3：在責任問題上，要明確權利關係

一般來說，當長輩給你建議的時候，他們往往沒有意識到，如果你聽了他們的話，那他們就要為你的後果負責，所以你在最後關頭，可以亮明底線，指出這一點：

「二姑都走過這麼多彎路了，總結成經驗告訴你，你為什麼偏偏不聽，要再找罪受呢？」

「二姑啊，正因為您跟我打了這麼多包票，所以要是這次我聽您的，那萬一以後這個姑娘有什麼不合適的，我總不好再回來找二姑負責吧。」

一句話終結戰鬥。潛臺詞就是這責任他們付不起，所以拜託別瞎指揮啦。

—使用注意—

在跟長輩對話的時候，對方是否覺得你在嗆聲，全看你語氣如何。如果想弱化衝突，可以用稍軟或者調侃的語氣把同樣的話說出來，做出「像是」開玩笑的樣子。

因為我們都知道，所謂的玩笑，三分真、七分假，七分假是為了給對方留點面子，但剩下的三分真卻是明示了我們的底線和立場，給對方提個「軟警告」。

常用句型

●您就讓我跌個跤，學一學吧。

當長輩特別強調自己有經驗時，你可以這麼接話。

●都聽您的，萬一走錯了路，總不好讓您負責吧！

比起「都聽您的，萬一走錯了路，難道您要負責嗎」，這種說法軟中夾硬，比較適合跟長輩說。

借力使力，以退為進

準確地識破對方的問題，並且進行有力的反駁，是辯論的前兩步。在此基礎上再進階，就到了「借力使力」的境界。在這一層，辯論畫風突變，不再是唇槍舌劍、互相攻擊，反倒是相互順承著對方的話以退為進。表面上這是一團和氣，但事實上說明，辯論已經進入更深的層次。而借力使力的最高境界，是在對方毫無覺察的情況下駁倒其觀點，使其覺得是自己改變了主意。

破解對方的精彩類比

──典型錯誤──只強調差異

類比，在說服、演講、辯論說服的時候都是非常有用的，因為它能夠在最短的時間內用形象來抓住人心，使人瞬間秒懂我們的道理，比我們長篇論述邏輯推導要有效得多。一個好的類比，就像一件好的藝術品，可以勝過千言萬語。

但很多人在聽到類比的時候，下意識的反駁都是：我說的事情和你說的不一樣！

舉個例子。曾經在一場辯論賽上，正方說，行為都是思考後做出的決定。反方說，那可不一定，你看巴甫洛夫的狗，形成了條件反射，不思考也可以有行為。正方這個時候就很難回應，只能強撐說，人和狗是不一樣的，不能一概而論。

要知道，之所以叫「類比」，就是因為二者是有差異的，不然這就是一個「例子」了。何況，人和狗雖然不一樣，做為生物都有條件反射這點總是一樣的吧，所以這不是一個好的反駁，沒有打到點上。就算你真的要強調二者有差異，也應該說清楚差異是什麼。

─小訣竅─ 借力使力

二〇一六年，經濟學界有一件大事，那就是著名經濟學家張維迎和林毅夫就中國的產業政策進行了一番學術辯論。在相關討論中，很多網友都特別感興趣兩位教授辯論中的一個類比。

林毅夫教授說：「產業政策肯定還是要有的，因為有一些新興的產業，國家必須要給予鼓勵，就像是第一個吃螃蟹的人，難道不應該得到支持嗎？」

林毅夫的觀點是說，國家的產業政策必須存在，而且必須要有強大的引導力量，因為很多新興的產業風險太高，沒有人願意嘗試，如果沒有國家的扶持，根本就不會有資本願意在這個方向投資。可是人類總是要不斷地去開闢新領域、培育新市場，所以一方面是有這樣的創新需求，另一方面，市場本身又不能提供這樣的開拓精神，當然就需要國家這隻看得見的手，用明確的產業政策來幫助市場這隻看不見的手了。

如此洋洋灑灑一大段暗含的道理，林教授只用「吃螃蟹」這三個字就講清楚了，這就是類比的力量——必須有人去吃螃蟹，可是誰都不敢吃，這個時候就需要鼓勵，而鼓勵就是國家的產業政策，所以國家產業政策必須強有力地存在。論證完畢！

那麼，如果對方提出了這麼好的一個類比，如果你只知道說一句：國家產業政策和「吃螃蟹」怎麼能夠相提並論呢？豈不就顯得你這個人很沒水準嗎？所以你不能籠統地說二者不是一回事，正確的做法應該從兩個角度予以闡釋。

角度1：可以試試指出類比之中的不當之處

武俠小說裡經常有這樣的描寫：兩個高手決鬥，都等著對方沉不住氣搶先出招，因為先出招就會先露出破綻，你只要跟進主攻這個破綻就可以了。類比也是一樣，只要對方提出一個類比，不管多精準、多漂亮，我們也一定有可以借用來反駁的地方。

道理很簡單：拿A來類比B，一定意味著A與B既有相似性，又不完全等同。相似，就有可比性；不等同，就一定也有不可比性。對方強調可比性，這是對方的自由；我們進一步地指出其中的不可比性，這是我們的自由。不管對方的類比是什麼，你指出其中不當的地方就可以了。

所以，在林毅夫教授提出吃螃蟹這個類比的時候，我們的第一反應可以是：這個類比不恰當，因為吃螃蟹是一個自然的市場選擇的行為，有那麼多的人，有那麼多的螃蟹，自然會有人去嘗試，沒有國家指導意見，也自然會有人嘗試。這個時候，如果國家鼓勵大家去吃螃蟹，那反而是在擾亂市場。這難道是好事情嗎？

你看，這就是所謂「一切類比都有不當之處」，我們只需留心觀察並且指出來就可以了。所以，類比固然很好，可是反駁類比也不難。

角度2：可以順承對方的類比進行延伸闡述

指出對方類比不當，只是一個基本的原則，此外還有一種更加高級的運用，那就是直接利用對方的類比，在對方的類比基礎之上進行進一步的延伸性闡述。

比如，在聽完林毅夫教授的論點之後，張維迎教授的反駁，就是首先使用前面提到的基本原則，指出對方類比不當。他說，第一個吃螃蟹的人是因為想要享用美味，而不是受到什麼產業政策的指導。緊接著，張教授就做了一個進階的動作，那就是對這個「吃螃蟹」的類比進行了延伸闡述，而這才是最精彩的部分。

我們看看張教授是怎樣完成這兩步動作的。他首先說：

「我沒有考察過人類吃螃蟹的歷史，但我相信，第一個吃螃蟹的人一定是因為自己想品嘗美味佳餚的冒險衝動，而不是因為政府和其他什麼人補貼才吃螃蟹的。林毅夫完全低估了企業家的冒險精神。企業家承擔風險，是出於信念和願景，而非計算。凡要靠政府補貼才願意去創新的人，充其量只是個尋租者，根本就算不上企業家！補貼這樣的人會導致南郭先生們（注：《南郭先生》是根據成語濫竽充數的故事所改編的動畫短片）濫竽充數。」

然後，他再使用更加高階的反駁類比技巧，接著這個「吃螃蟹」的論點，推出如下結論：

「進一步來講，創新的不可預測性意味著，政府根本不知道誰是第一個吃螃蟹的人，因為你連螃蟹長得什麼樣都不知道。政府不應該阻止任何人吃螃蟹，但也沒有必要為吃螃蟹買單，因為那會誘使許多人假裝吃螃蟹，但實際上不過是拿出吃螃蟹的姿勢啃饅頭。從啃饅頭中得到的經驗，對吃螃蟹沒有什麼意義！」

這第二段反駁，可以說是神來之筆，因為他並沒有直接地去指責對方的類比不當，而是接著對方的類比往後說，讓對方從自己的類比之中發現荒謬之處。

本來就是簡簡單單的一個吃螃蟹的類比，被張維迎這麼一說，就變得妙趣橫生，畫面感十足，而且還沒法再繼續反駁他，因為吃螃蟹這三個字是對方提出來的，人家只不過是接著這個類比往後講而已！

以上所說的，只是長篇辯論之中一個很小的交鋒點，但是由小見大，我們可以看出類比這樣一種修詞手法在辯論中的重要性。學會類比和反駁類比，是一項重要的辯論技能。

—使用注意—

類比，其實並不是一種論證方式，而是一種為了讓自己的觀點簡單易懂的表達手段。所以反駁類比並不等於推翻對方的理論，只是指出對方表達方式的不恰當。

就拿兩位教授的辯論來說，最終觀點的勝負也不完全取決於類比，而是取決於他們實打實的對經濟的洞見。

拒絕上級的不合理安排

——典型錯誤—— 不合理的要求叫磨練

職場上有一句老話，叫作「千萬不要對上司說沒辦法，要說也只能說正在想辦法」；還有一句話說，「老闆提出的要求，合理的叫訓練，不合理的叫磨練，總之都是很好的鍛鍊。」

但這種傳統觀念，在現今這個講究高效組織、彈性管理的職場，已經越來越不適用了。在企業中，我們總會希望當老闆做出錯誤安排的時候，身為下屬能夠有效地提出規勸，大膽說「不」，避免上級犯錯。

的確，職場上既有像趙高這樣指鹿為馬、顛倒黑白的，也有像李世民那樣察納雅言、犯而不校的，但是這兩種人都是極少數。絕大多數上司都是正常人，既不是完全不講道理，也不會完全從善如流。所以，對上司說「不」，不是不行，而是不能硬來，要有智慧，要講策略。

——小訣竅—— 喚醒上司心中的協力廠商

拒絕老闆，我們可以實行三步驟。這三步並沒有否定上司的安排，可是細想一下就可知道，我們之所以否定上司的安排，肯定是覺得他們不對，也肯定有自己的道理，但怎樣讓上司覺得不是出於抗拒的情緒，而是因為事情本來就不應該這樣做呢？這就是需要智慧的地方了。

第一步：戰略上高度肯定

戰略上高度肯定，其實就是表態。你的潛臺詞是：「我對您是完全沒有抗拒的情緒的，您說的都對，高屋建瓴、視野宏大、銳意進取、敢為人先。」

這不是拍馬屁，而是在表明我們是能理解他的出發點的。畢竟人家地位比我們高、看得比我們遠，他的初衷肯定是對的，在這一點上沒必要跟他強，否則後面幾步不好展開。

第二步：成本上精密核算

反駁一個不好的方案，最不傷和氣的說法是：「我倒是願意啊，可是做起來，要付多少錢？」

舉例來說。戰國時，齊宣王幫了周天子一個大忙，代價是要拿走周王室最後的一件寶貝——傳說中象徵天下最高權威的九鼎。周天子心裡當然是拒絕的，但嘴上不敢說，於是就讓一個叫顏率的說客去對齊王說「不」。這個顏率是怎麼說「不」的呢？就是透過成本上的精密核算。

他對齊宣王說，九鼎我們願意給，都給您打好包了。問題是這快遞怎麼送呢？走哪條道都有一堆強國虎視眈眈，半路上絕對把東西給你黑了；你要派人來保護呢，也行，我就給你算帳，具體一個鼎需要多少人搬、多少人護送、多少人運送糧食、多少人維修道路等，我給你整一個詳細的帳目，最後一算下來，齊宣王傻眼了——沒法兒弄啊，算了，九鼎還是先放在你們那兒吧。

以上這個故事，就是一個透過成本上的精密核算，讓別人打消念頭的經典案例。顏率算的帳對不對並不重要，重要的是，當面對一個不敢得罪的人，又想拒絕他的要求的時候，唯一的辦法就只有透過把事情落到實處，把帳一筆一筆地算清楚，讓對方自己打消念頭。

畢竟，不管霸道總裁多霸道，他身為總裁還得對公司或者至少是對自己的業績負責。所以一件事情他想不想做只是一方面，做了划不划算才是關鍵。讓他清清楚楚地知道這件事划不來，而且我們已經在盡力執行了，不是在跟他對著幹，那麼不管多頑固的人，只要不傻，都會主動收回成命。

再舉個例子，有家著名企業的老總跟底下的部門負責人說：「今年的業績很不錯，但是明年我要銷售額達到今年的十倍。」底下人立馬瘋了，說今年幹成這樣已經累死累活了十倍怎麼可能呢？

這個老總接著說：「你們這個思路就不對了，我不是問你們可不可能，我是問你們，如果要做到明年銷售額是今年的十倍，我們需要做什麼？」

比起齊宣王，這個老闆就上道一點了。他的意思是說：我並不是不講道理的人，我提出一個要求，能不能做到當然受很多條件的限制，我絕對不會硬來。但是，你們做為下屬，不能直接跟我說沒辦法，你們得盡一切可能去想辦法，然後告訴我這些辦法需要多少成本，由我權衡之後再來決定做還是不做，這才是一個合格的下屬應盡的義務。

所以，身為這個老闆的下屬，我們應該如何打消老闆迷茫的狂想呢？很簡單，還是算帳。

比如，我們可以說：

「老闆，明年銷售翻十倍當然可以，不過相應的行銷成本會幾何級數地增加，融資方面燒錢要燒到〇〇量級，萬一市場有任何風吹草動，都有巨大的不可控風險，請您權衡一下，您覺得可以咱們就幹。」

我們站在老闆的角度想一想：下屬說「不」，唯一的正當理由就是這件事本身划不來，而下屬難免有偷懶的嫌疑，所以必須有翔實的論據表明這件事真的就是成本太高，才能打消老闆的懷疑。所以，想要拒絕來自上司的不合理安排，成本的精密核算是最重要的一個環節。

第三步：決策權完全上交

即便我們把成本精密地核算清楚了，也不能高興得太早，你還要有第三個步驟，那就是做出決策權完全上交的姿態。這一步為什麼重要呢？因為上司也是人，是人就有自尊——敢情你們算出來證明我不對是吧？難道是我蠢？但凡他產生這樣的心理，我們的日子就不好過了，因為他的第一反應肯定是不相信我們的計算，要麼讓我們重算，要麼讓我們先幹起來再說，幹不好還是我們的錯。所以，我們就算第二步的成本核算做得再棒，也千萬別露出一張「我早就知道」的得意嘴臉，而是要完全不動聲色，客觀中立地把執行計畫和相關成本報給他看，讓他自己去裁決。

—使用注意—

為了讓老闆覺得你不是在故意推脫工作，在核算成本的時候，你要盡量展現出不辭勞苦、不厭精細的努力。這樣，在彙報的時候，既能展現出你的專業與大局觀，更能讓老闆覺得，所幸有你的仔細，才能讓他做出正確的判斷。

常用句型

- 這件事情我們也願意推進，只是成本有點高，您看怎麼辦呢？
- 這件事情的成本就是這樣，是否要繼續推進您來決定。

避免被別人「架起來」

——典型錯誤——為了不被戴帽子，只好拚命甩帽子

在第三章裡，我們提到了把人「架起來」這種說服技巧。現在你用借力使力的思路想一想，如果你被人架起來，是不是可以反過來借用「被架起來」的局勢做文章呢？下面，我們來示範一下對「借力使力」原則的這種運用。

我們先來分析一下，為什麼對方透過戴高帽來強化我們的身分和能力，就能讓我們產生壓迫感，以致不得不接受其提議呢？原因在於我們的社會常規。

能者多勞、高尚者不計酬勞、男人要豪爽、有品味的人要捨得花錢買……這些雖然沒有明

文規定，但卻都是社會默認的共識。

那要怎樣開口拒絕呢？有一種方法就是當別人送上高帽子的時候，我們刻意謙虛、刻意把姿態擺低，好甩掉那頂高帽。

比如，人家可能誇你：「聽說你們那地方的人酒量好啊，您多喝點哈。」像這種高帽，你雖然可以用自貶的方式說「哪有啊，我酒量比你還差咧」，但這種過程，一方面憋屈，另一方面，對於某些其他領域的高帽子，你就不好一路憋屈到底。

比如對方說：「你是大人嘛，別和孩子計較，讓讓他吧。」「你是個專業設計師，幫幫我這個門外漢吧。」難不成你要跟他說，「對不起，我還是個寶寶」「對不起，我是個不專業的設計師」？

可見，傳統上那種「甩帽子」的回應方式，固然是不會給自己壓力，但傷敵一千自損八百，你拒絕對方的同時，也把自己的社交形象給毀了。

─小訣竅─ 借力使力

當遇到別人給你戴高帽的時候，比較聰明的方法不是拒絕那頂高帽，而是把高帽戴上去，借著高帽的威嚴，提出不一樣的要求。比如，還是拿喝酒這個例子來說：

「來來來喝一杯，男子漢大丈夫，這點酒算什麼！」

「哼，男子漢大丈夫說不喝就不喝！」

「你們東北人都豪爽，來，把這杯喝了！」

「哎呀，你不知道，我們東北人說一不二，說不喝酒的時候就是真不喝酒！」

你看，既然你要我喝酒的時候說我是男子漢，那麼堅持自己的立場不動搖，不也是男子漢的魅力嗎？

又比如，對方可能說：「你是大人嘛，別和孩子計較，讓讓他吧。」你就乾脆接過這頂「大人」的帽子，這麼回應對方：「正因為我是大人，所以我覺得我有教育這孩子的義務。如果這麼慣孩子，這孩子以後還怎麼得了啊？」

你覺得這下子對方還能怎麼回應？我應該在這孩子面前有大人的樣子，這可是你說的呀！

再比如，有人會這麼要求：「你是個專業設計師，能不能麻煩你幫幫我這個門外漢，設計個簡單的logo啊？」同樣，你也可以大大方方地把「設計能力很強」這頂帽子接過來，端起專業設計師的身分，這麼回他：

「哎呀，那你就不懂了。正因為我們是專業的設計師，我們的規矩就是不能免費幫人家做。為什麼呢？因為像我這種專業的設計師，出手的都是招牌。你這類logo要想弄出一個合格的成品，起碼還需要兩、三個星期時間，去了解你們公司、你們這個行業的logo設計現狀，還有諸如此類的一大堆工作，才能開工設計。所以如果你資源有限，請聽我一個專業的建議——你應該去找一個業餘的設計師。」

你想啊，對方已經畢恭畢敬地認定你是「專業的設計師」了，你給的「專業意見」，他還好意思反駁嗎？

你有沒有發現，當對方試圖把你給架起來，不斷強調你的身分和能力，來給你製造壓迫感的同時，他也會同時強化你在他面前的權威感。這本來就是一體兩面的事情。當對方承認了你的身分高、能力強時，其實也意味著，他承認你在這方面經歷過的、做到過的都比他多。而所謂的「反制」，就是借用對方幫你架起來的權威，反過來告訴對方：你這個要求，我沒理由答應你。

—使用注意—

當別人有求於我們的時候，由於我們是刻意要戴著別人遞來的高帽子講話，所以在擺出姿態的同時，要注意對方請求的性質。在不同的情況下，你的態度要有微妙的不同。比如朋友之間的敬酒，你要用半開玩笑、半認真的態度來說；而當對方是認真地託付你辦事情，那拒絕的時候就要同樣認真嚴肅地表達。

這兩種情況下的態度如果對調，就很不合適了。

常用句型

●對，就因為我是……所以我才……

面對高帽，不要否認，肯定對方給你的定位，再利用對方送給你的話語權優勢，將事情導向你想要的方向。

國家圖書館出版品預行編目資料

好好說話：粉絲破千萬！最強說話團隊教你新鮮有趣的話術精進技巧／馬東出品；馬薇薇、黃執中、周玄毅等 著.
-- 初版 -- 臺北市：究竟，2017.08
368面；14.8×20.8公分 --（第一本；87）

ISBN 978-986-137-239-6（平裝）
1.說話藝術　2.口才
192.32　　106009938

Eurasian Publishing Group
圓神出版事業機構
用心與你對話．視野無限寬廣
究竟出版社
Athena Press

www.booklife.com.tw　　reader@mail.eurasian.com.tw

第一本 087

好好說話：

粉絲破千萬！最強說話團隊教你新鮮有趣的話術精進技巧

作　　者／馬東出品；馬薇薇、黃執中、周玄毅等
發 行 人／簡志忠
出 版 者／究竟出版社股份有限公司
地　　址／台北市南京東路四段50號6樓之1
電　　話／（02）2579-6600・2579-8800・2570-3939
傳　　真／（02）2579-0338・2577-3220・2570-3636
總 編 輯／陳秋月
主　　編／王妙玉
責任編輯／王妙玉
校　　對／王妙玉・蔡緯蓉
美術編輯／金益健
行銷企畫／陳姵蒨・徐緯程
印務統籌／劉鳳剛・高榮祥
監　　印／高榮祥
排　　版／杜易蓉
經 銷 商／叩應股份有限公司
郵撥帳號／ 18707239
法律顧問／圓神出版事業機構法律顧問　蕭雄淋律師
印　　刷／祥峯印刷廠
2017年8月　初版
2024年9月　25刷

定價 300 元　　ISBN 978-986-137-239-6　